M. Christian Ortner / Hg.

Taube, Tonne, Wirbelsturm
100 Jahre Militärluftfahrt in Österreich

HGM

Herausgegeben vom **Heeresgeschichtlichen Museum**
in Zusammenarbeit mit dem **Streitkräfteführungskommando**

Projektkoordination:
Silvan Fügenschuh
Wolfgang Hainzl
Marc Oberfeld

Die Autoren danken für die Unterstützung:
Gaspar Baksa
Harald Dorner
Raphael Draschtak
Klaus Drössler
Peter Enne
Horst Gorup
Christoph Hatschek
Gerald Penz
Peter Plattner
Stefan Rest
Katsuhiko Tokunaga
Markus Zinner

Produktion:

Verlag Militaria

ISBN 978-3-902551-24-5

© Heeresgeschichtliches Museum, Wien 2011
Alle Rechte vorbehalten
Jede Art der Vervielfältigung, auch auszugsweise, ist gesetzlich verboten

Inhaltsverzeichnis

Zum Geleit 5

Vorwort 6

Die Geburtsstunde der Militärluftfahrt in Österreich (1907–1913) 11

Der Beginn der Luftfahrttechnik in Österreich-Ungarn 19

Wagemut und Erfindergeist – Flugpionier Josef Sablatnig 27

Die k.u.k. Luftstreitkräfte im Ersten Weltkrieg 37
Der Kriegseintritt Italiens – Der Dreifronten-Krieg 42
Die k.u.k. Seeflieger 44
Die „Ritter der Lüfte" 48
Organisation – Kommandostruktur 50
Krise und Zusammenbruch 1917/18 53
Nachleben – Persönlichkeiten 56

Die Luftstreitkräfte der Ersten Republik (1918–1938) 59
Die Zeit von November 1918 bis 1928 60
Der geheime Aufbau der Fliegertruppe von 1928 bis 1935 63
Die Phase der Aufrüstung – Die Zeit vom Juni 1935 bis zum März 1938 69

Die Luftstreitkräfte der Zweiten Republik – Teil I (1955–1991) 85
Zwischen Erfordernissen und Realität 86
„Mit Improvisation und Idealismus …" 90
„… Im Interesse des Neutralitätsschutzes …" 96
„Krisenhafte Situation" 100
Heeresfliegerkräfte und Raumverteidigung 104
„Huhn und Ei" 110

Die Luftstreitkräfte der Zweiten Republik – Teil II (seit 1991) 115
Der Zerfall Jugoslawiens 116
Going international 120
Österreich kauft Abfangjäger 126
Rahmen und Organisation 132

Die Luftfahrzeuge des Bundesheeres (1955–2011) 138

Autorenverzeichnis 140

Zum Geleit

Als Bundespräsident und Oberbefehlshaber des Österreichischen Bundesheeres freue ich mich über das umfangreiche und inhaltsreiche Werk „100 Jahre Militärluftfahrt in Österreich", für das Dr. M. Christian Ortner, Militärhistoriker und Direktor des Heeresgeschichtlichen Museums, als Herausgeber zeichnet. Die Initiative erfolgte durch den Leiter des Teilstabes Luft des Streitkräfteführungskommandos, Brigadier Mag. Karl Gruber. Durch die Publikation und die sorgfältige Beschäftigung mit der Geschichte der österreichischen Militärluftfahrt lassen sich die Leistungen und Herausforderungen nicht nur der Vergangenheit, sondern auch der Gegenwart besser einordnen und einschätzen. Das verdient Dank und Anerkennung!

Es finden sich in diesen 100 Jahren der österreichischen Militärluftfahrt begeisterte Erfinder ebenso wie Konstrukteure und Piloten, die mit ihren Ideen und ihrem Einsatz die Entwicklung gestalten und beeinflussen konnten. Instruktiv eingearbeitete historische Fotografien belegen diese Geschichte in eindrucksvoller Weise.

Der vorliegende Überblick bringt aber auch einen speziellen Teil der tragischen Geschichte des zerrissenen Europa im 20. Jahrhundert und der Rolle der Flugzeuge und ihrer Piloten ans Licht, die den Krieg und seine Schrecklichkeiten auch in den Luftraum trugen.

Danach gab es Jahre und Jahrzehnte einer wechselvollen Geschichte. Das Besondere an der heutigen Entwicklung ist, dass wir Österreich zu den anerkannten Fliegernationen zählen dürfen, und darauf können wir stolz sein. Ich denke hier z. B. an den ausgezeichneten internationalen Ruf der österreichischen Hubschrauberpiloten mit ihrem Können speziell bei Menschenleben rettenden Einsätzen im Gebirge oder im Katastrophenfall.

Österreichs Soldaten und Offiziere haben die neuen Herausforderungen der Luftfahrt samt ihren komplexen Technologien schnell und kompetent in ihre Aufgaben integriert. Sie fliegen die C-130 Hercules über die Sahara in das Krisengebiet des Tschad, haben als Hubschrauberpiloten praktisch Südosteuropa als Friedenstruppe kennen gelernt, und sie konnten als gern gesehene Gäste die herausfordernden

neuen Flugzeuge und Maschinen der Welt studieren und fliegen.

Beim Großflugtag in Zeltweg werden der österreichischen Bevölkerung auch in diesem Sommer die Leistungen der Flieger des Bundesheeres in besonderer Weise nahe gebracht und die Kompetenz und Einsatzfreude unserer Soldaten unter Beweis gestellt.

Dieses Wissen um die Fähigkeiten der Luftstreitkräfte des Österreichischen Bundesheeres stärkt das Bewusstsein von Schutz und Sicherheit in unserer Bevölkerung. Dieses Engagement im Dienste des Friedens sollte auch unserer Jugend und ihren Zukunftsperspektiven beim Österreichischen Bundesheer Auftrieb geben.

In diesem Sinne gratuliere ich zur gelungenen Publikation, die ich auch als Zeichen des Vertrauens in unser Bundesheer verstehen möchte.

Ich wünsche den Herausgebern, Autoren, Fotografen, Mitarbeiterinnen und Mitarbeitern mit diesem beeindruckenden Buch den verdienten Erfolg und viele Leserinnen und Leser!

Bundespräsident Dr. Heinz Fischer

Vorwort

*„It is not the question how big you are.
It's the question how well you do …"*

Im Juli 2011 lädt das Österreichische Bundesheer unter dem Motto „100 Jahre Militärluftfahrt in Österreich" zu einem internationalen Großflugtag – zur AIRPOWER11. In Zeltweg werden 300.000 Besucher erwartet. Viele Aktivitäten vor und während dieser Veranstaltung erinnern an das Jahr 1911, welches als das Geburtsjahr der motorisierten Militärluftfahrt in Österreich betrachtet werden kann. Werfen wir einen Blick zurück in diese Zeit, zurück in unsere fliegerische Vergangenheit.

Am Anfang der Militärluftfahrt in Österreich steht nicht das nüchterne Erkennen ihres militärischen Einsatzwertes. Am Anfang steht die Flugbegeisterung einer kleinen Schar von Offizieren und Konstrukteuren, ein jeder fasziniert vom Klang der Flugmotoren und vom Pfeifen des Windes in den Spanndrähten. Im August 1909 fliegt Karl Illner zum ersten Mal mit der eleganten Etrich-Taube. Die dabei überwundenen 400 Meter sind ein österreichischer Rekord. Einen Monat darauf beginnt Franz Kafka seine literarische Karriere mit einem Reisebericht in der Prager Zeitung „Bohemia". Unter dem Titel: „Die Aeroplane von Brescia" erzählt er über einen sensationellen Flugtag in Italien, wo man schon ein wenig weiter fliegt. Wieder einen Monat später kommt der berühmte Blériot nach Wien. Er hat schon den Ärmelkanal überquert. Blériot lockt Kaiser Franz Joseph und 300.000 Zuschauer auf die Simmeringer Haide.

Die Flugbegeisterung erfasst die Donaumonarchie. Wiener Neustadt wird zu ihrem kreativen Mittelpunkt. Die Stadtväter haben das richtige Gespür für die Zukunft und fördern die Ansiedlung von Luftfahrtbetrieben. Auf dem neuen Flugfeld wird erprobt und experimentiert. Junge Offiziere werden zu Testpiloten. Einige haben die Mittel, in Frankreich privat einen „Flugapparat" zu erwerben, andere bauen ihn selbst.

Der k.u.k. Generalstabschef Feldmarschall Conrad ist einer der wenigen, die sofort das militärische Potenzial der Fliegerei erkennen. Er fordert den Ausbau einer starken Luftflotte. Die Mehrheit der höheren Offiziere betrachtet die Produkte der Erfinder hingegen noch mit großer Skepsis und tut so manchen Vorschlag als überflüssige Spinnerei ab. Flugzeuge sind 1910 für viele nur ein Sportgerät. Junge Offizierspiloten werden als „Luftakrobaten" bezeichnet und an ihre Standespflichten erinnert. Allein die Industrie wartet nicht auf die Ausschreibungen der Rüstungsplaner. Sie drängt mit ihren innovativen Produkten auf den Markt. Österreichische Piloten stellen fast monatlich neue Rekorde auf.

In Wiener Neustadt wird am 19. April 1911 die „Flugmaschinen-Instruktionsabteilung" gegründet, die erste österreichische Militärfliegerschule. Die Kriegsmarine baut 1911 in Pola die erste Seeflugstation. Mit sechs Etrich-Tauben verfügt die k.u.k. Armee 1911 über ihre erste Fliegerstaffel und setzt sie bei den Herbstmanövern zur Aufklärung ein.

Dann fallen die Schüsse von Sarajewo. Schon in den ersten Monaten des Weltkriegs wird die Bedeutung der Luftkomponente für die Kriegführung zu Lande und zur See erkannt. Jetzt kommen die Flugapparate in großer Zahl zu den Streitkräften, aber noch fehlt die Organisation, die sie effektiv zur Wirkung bringt.

Der Erste Weltkrieg ist von einer Revolution der Kriegführung gekennzeichnet. Die technologische Entwicklung ist der Motor dieser Revolution. Das Zeitalter der Kavallerie und der wohlgeordneten Schlachtreihen ist vorüber. Die modernen Schlachtschiffe der Kriegsflotten, die Dreadnoughts, sind Meisterwerke der Optik, Mechanik und Elektrotechnik. Ihre Geschütze schießen bis hinter den Horizont. Telefon und Funkgerät eröffnen neue Dimensionen der militärischen Einsatzführung. Das Maschinengewehr verändert den Landkrieg. Den größten Einfluss aber nimmt die rasante Entwicklung der Luftfahrt. Zu Beginn des Ersten Weltkriegs ersetzt das Flugzeug noch die in der Tiefe aufklärende Kavalleriepatrouille, am Ende dieses Kriegs kämpfen Jagdgeschwader um die Lufthoheit über dem Einsatzraum. Bomber riegeln das Gefechtsfeld ab und zerstören Bahnhöfe und Munitionslager. 1918, am Montello, greifen österreichische „Infanterieflieger" direkt im „Close Air Support" in das Landgefecht ein. Technologie trifft auf Technologie: Die Schlachtschiffe flüchten vor den Torpedos der Unterseeboote in die sicheren Häfen, ein k.u.k. Marineflugboot versenkt zum ersten Mal ein Unterseeboot aus der Luft.

Am Anfang sind die Piloten noch Einzelkämpfer. Einige sind besonders erfolgreich: Das neue Modewort heißt „Flieger-Ass". Bald kennt jedes Kind die Namen Brumowski, Banfield, Arigi oder Fiala-Fernbrugg. Aus den Luftakrobaten von 1910 sind die neuen Kriegshelden geworden.

Die junge Waffe kämpft aber nicht nur am Himmel über der Front. Sie führt auch einen mühsamen Kampf um die notwendigen Organisationsstrukturen und um die Einführung neuer technischer Verwendungszweige. Vor allem kämpft sie um die Anerkennung als eigenständig geführte Teilstreitkraft. In der k.u.k. Armee werden die Staffeln auf die Infanteriedivisionen aufgeteilt und kommen nicht zum taktischen Zusammenwirken. Die italienische Luftwaffe setzt ihre Caproni-Geschwader längst schon geschlossen ein. Erst 1918, während der letzten Offensive der k.u.k. Armee, nimmt Hauptmann Brumowski die zentrale taktische Führung der Luftfahrtruppen wahr und konzentriert ihren Einsatz mit großem Erfolg über den Piave-Brücken. Als der erfolgreichste Jagdflieger der k.u.k. Luftfahrtruppen bleibt er in Erinnerung, aber er war auch ihr erster „Joint Force Air Component Commander".

1919 sind die Materialschlachten zu Ende. Die Siegermächte ziehen die Konsequenzen aus den Erfahrungen und Lehren des Weltkriegs. Die Royal Air Force, die Armée de l'Air und die Aeronautica Militare treiben nach dem gewonnen Krieg den Ausbau und die Modernisierung ihrer Luftstreitkräfte voran. Österreich-Ungarn zerfällt. Bei den Verlierern stockt die Entwicklung. Nach dem Untergang der k.u.k. Luftfahrtruppen wird im kleinen „Restösterreich" versucht, eine Fliegertruppe der Volkswehr aufzustellen. Erfahrene Piloten und Techniker gibt es ja genug. Die neue Luftwaffe fliegt im Kärntner Abwehrkampf. Doch dann wird sie wieder aufgelöst.

Im Jahr 1921 veröffentlicht der Italiener Giulio Douhet das Buch „Il Dominio dell'Aria", in welchem er die Theorie vom strategischen Luftkrieg entwickelt. Zur gleichen Zeit wird die Fliegertruppe der Volkswehr auf Weisung der Siegermächte aufgelöst. In Österreich darf es im nächsten Jahrzehnt keine Luftstreitkräfte mehr geben. Sie verschwinden im Untergrund. In zivilen Fliegerschulen wird versucht, das technische und fliegerische Know-How zu erhalten. Kriegserfahrene Piloten ziehen von Flugtag zu Flugtag. Jetzt sind sie wirklich zu Luftakrobaten geworden.

Erst in den Dreißigerjahren wird eine neue österreichische Fliegertruppe aufgestellt, die dritte seit 1911. Ihre Flugzeuge tragen ab 1935 das heutige Hoheitsabzeichen, das weiße Dreieck im roten Kreis. Die besten „Aeroplane" kommen aus Italien. Die eigene Luftfahrtindustrie ist mit der Donaumonarchie untergegangen. Die neue Fliegertruppe wird im Juni 1935 unter einem eigenständigen Kommando der Luftstreitkräfte organisiert. Sie hat 54 Flugzeuge. 40 davon fliegen am 26. Oktober 1935 bei einer Parade in Wien. Damals ahnt noch niemand, dass dieser Tag einmal der Nationalfeiertag einer neuen demokratischen Republik sein wird. Bei den Fliegern der späten Ersten Republik herrscht Optimismus, auch wenn das Budget knapp ist. Die Bevölkerung spendet für den Kauf neuer Flugzeuge.

Das Bundesheer hat bald zwei Jagdgeschwader. Der schnittige Fiat-CR-32-Jagd-Doppeldecker ist ihr schnellstes Flugzeug. In Wiener Neustadt, dem Geburtsort unserer motorisierten

Militärluftfahrt, trainiert unter der Leitung von Oberleutnant Müller-Rienzburg die erste österreichische Kunstflugstaffel.

1938 marschieren deutsche Divisionen über den Inn. Wieder einmal hört eine österreichische Fliegertruppe auf zu existieren. Ihr Personal und ihr Gerät werden in die große Luftwaffe der Wehrmacht eingegliedert. Das rot-weiß-rote Hoheitsabzeichen wird mit dem Balkenkreuz übermalt. Ein Jahr später fliegen die Österreicher im Krieg. Einige österreichische Piloten werden zu hoch dekorierten Jagdfliegern. Viele kommen nicht mehr nach Hause. Fünf von sechs Absolventen der ersten Fluggruppe des Bundesheeres fallen im Krieg. Anton Mader ist der einzige Überlebende.

Als auch der Zweite Weltkrieg zu Ende ist, gibt es zahlreiche Österreicher mit Kriegserfahrung als Pilot, Flugzeugtechniker, Fliegerabwehroffizier oder Radarbetriebspersonal. Ihre Fertigkeiten sind vorerst nicht gefragt. Wieder vergehen zehn Jahre ohne eigene Luftstreitkräfte. Die 1956 neu aufgestellte Fliegertruppe des Bundesheeres ist bereits unsere vierte. Sie beginnt budgetbedingt sehr einfach und bescheiden. Aber die Kriegsgeneration kann auf den russischen Propellermaschinen ihre große fliegerische Erfahrung weitergeben. Selbst meine Fluglehrer im Jahr 1978 hatten noch viele Flugstunden auf He 111 und Ju 88. Oberst Paul Reitter, der im Krieg die deutschen Nachtjäger am Radar geführt hat, wird zum Gründervater der österreichischen Luftraumüberwachung.

Der Status der Fliegertruppe als eigenständig geführte Teilstreitkraft ist von einer wechselhaften Entwicklung geprägt. Es fehlt das Geld, um mit den anderen Neutralen wie der Schweiz oder Schweden mitzuziehen. Immer wieder werden die höchst notwendigen Beschaffungsvorhaben zum Spielball des Boulevards und der Innenpolitik. Der Aufbau ist demzufolge langsam und stockend, aber letztendlich doch erfolgreich. Anfang der Neunzigerjahre findet die Fliegertruppe, damals eine „Fliegerdivision" unter dem Kommando von Divisionär Othmar Pabisch, nicht nur den Anschluss an den internationalen Standard, nein, sie setzt Zeichen. Zeichen, die in ganz Europa aufmerksam beobachtet werden. Das Überwachungsgeschwader bewährt sich mit dem Draken in der Jugoslawienkrise. Das Luftraumbeobachtungssystem Goldhaube, getragen von eigener Ingenieurskunst, ist eines der modernsten der Welt. Unsere Hubschrauberpiloten genießen längst internationalen Ruf als Beherrscher der Gebirgskämme. Im Rahmen der Übung „Safe Neighbourhood" 1998 sind wir die Ersten, die mit der Luftwaffe eines ehemaligen Warschauer-Pakt-Staates grenzüberschreitend üben. Im Zuge der von Brigadier Josef Bernecker initiierten Übungsserie AMADEUS wird Österreich zur fliegerischen „Lead-Nation". Unsere Einsatzzentrale führt AWACS, schweizerische F-18, italienische Tornados und französische Mirage 2000.

Der positive Trend hält an. Mit den neuen Long-Range-Radarsystemen, mit dem in Rekordzeit eingeführten Eurofighter und mit der S-70 Blackhawk sind wir schließlich in relevanten Bereichen ganz vorne mit dabei. Die C-130 Hercules fliegen Woche für Woche über die Sahara in den Tschad. Die Hubschrauberpiloten lernen den ganzen Balkan kennen, von Sarajewo über das Kosovo bis zu den in dichte Rauchwolken gehüllten griechischen Inseln. Was macht es da schon aus, das eigenständige Kommando wieder einmal verloren zu haben!

Wir sind heute keine der großen europäischen Luftwaffen, aber zweifellos eine der guten. Und noch etwas ist erfreulich: In Wiener Neustadt werden wieder Flugzeuge gebaut!

Als Leiter Teilstab Luft und „Joint Force Air Component Commander" im Streitkräfteführungskommando bin ich im Jubiläumsjahr 2011 für die Einsatzführung dieser kleinen, aber großartigen Luftstreitkräfte des Bundesheeres verantwortlich. Ich verneige mich mit Respekt vor den Generationen, die das Fundament für den Erfolg in der Gegenwart gelegt haben.

Es wäre wichtig, nicht über Mängel in der Gegenwart zu klagen, sondern vielmehr das Erreichte im Kontext der mühsamen Aufbauarbeit und der oft widrigen Rahmenbedingungen zu bewerten. Unsere Traditionspflege ist allerdings, im Vergleich zu anderen europäischen Luftwaffen, historisch bedingt eine sehr schwierige. Es fehlt die Kontinuität, es fehlen die Denkmäler. Bis heute haben wir kein Luftfahrtmuseum, welches sich zum Zentrum der historischen Forschung und der Traditionspflege entwickeln könnte. Ich bin deshalb seit Jahren mit vielen engagierten Mitstreitern darum bemüht, das ruhmlose Ende wertvollen Dokumentationsmaterials im Altpapier oder gar auf dem Schrottplatz zu verhindern, das vorhandene Gerät aus dem Dornröschenschlaf in staubigen Lagerhallen zu wecken und die Erinnerung an die Abenteuer und die Leistungen unserer Vorgänger zu bewahren.

Deshalb begrüße ich das Erscheinen dieses Buches ganz besonders und gratuliere den Autoren zu ihren interessanten und durchaus kritischen Beiträgen. Ohne jede Beschönigung stellt das Buch die vielen Schwierigkeiten und Rückschläge dar, mit denen unsere Vorgänger konfrontiert waren. Es beschreibt interessante Einzelschicksale. Es beschreibt Phänomene, die auch heute noch eine Herausforderung darstellen.

Das Buch möge allen Angehörigen der Luftstreitkräfte Mut und Optimismus für die Zukunft geben.

Brigadier KARL GRUBER
Salzburg, Juni 2011

M. Christian Ortner

Die Geburtsstunde der Militärluftfahrt in Österreich (1907–1913)

Die Geburtsstunde der Militärluftfahrt

Bekanntlich stammen die ersten Ansätze, Ballons militärisch zu verwenden, bereits aus dem ausgehenden 18. Jahrhundert, als nach dem ersten erfolgreichen Einsatz eines zivilen Ballons nach dem System „Montgolfiere" auch Überlegungen angestellt wurden, mit Hilfe der Ballons die Beobachtungsmöglichkeiten zu verbessern. In dieser Hinsicht erwies sich Frankreich als führend und stellte im Jahre 1794 auch die erste militärische Luftschiffertruppe auf. Ballons standen sowohl im Ersten Koalitionskrieg als auch während des ägyptischen Feldzugs Napoleons I. in Gebrauch. Der Einsatz umfasste vor allem die Bereiche der Aufklärung und Artilleriebeobachtung. Von den verwendeten Ballons hat sich lediglich ein einziges Exemplar bis heute erhalten, und zwar jenes, das in der Schlacht bei Würzburg im Jahre 1796 von Erzherzog Karl erbeutet wurde und heute im Heeresgeschichtlichen Museum in Wien zu sehen ist.

Nach dem Ende der Franzosenkriege wurde das innovative und moderne neue Streitmittel jedoch nicht mehr berücksichtigt und erscheint – wenn auch unbemannt – erst wieder Mitte des 19. Jahrhunderts auf den Schlachtfeldern. Ob als Kommunikationsmittel – das 1848 belagerte Mailand versuchte, über durch Ballons transportierte Flugzettel militärischen Beistand zu erreichen – oder zur Verstärkung eines Belagerungsartillerieparks – gegen das belagerte Venedig kam es im Jahre 1849 zum (erstmaligen) Einsatz von Ballonabwurfbomben (System Uchatius) – traten Ballons, wenn auch nicht wirklich entscheidend, wieder in Erscheinung. Bereits wenige Jahre später sollten sich bemannte Ballons wiederfinden, etwa auf französischer Seite in der Schlacht bei Solferino (1859), im Amerikanischen Bürgerkrieg (1861–1865) oder im Deutsch-Französischen Krieg von 1870/71. In den 1880er-Jahren erfuhr die Idee des Ballons ein wohl vor allem durch zivile Impulse ausgelöstes militärisches Interesse an der Nutzung der „dritten Dimension" zu Kriegszwecken; viele Staaten begannen ihre eigenen Luftschifferabteilungen aufzustellen.

In Österreich-Ungarn kam, wenn auch die internationale Situation kontinuierlich beobachtet wurde, der entscheidende Anstoß zur Systemisierung einer eigenen Militäraeronautik gleichfalls von einem Zivilisten, Viktor Silberer. Silberer hatte privat einen französischen Ballon erstanden und damit zahlreiche Fahrten unternommen, als er in einer viel beachteten Ausstellung im Wiener Prater den neuesten Stand der Ballontechnik präsentierte. Von den gezeigten Leistungen beeindruckt, entsandte man Offiziere zu Studienzwecken ins Ausland und ließ in den Jahren 1890 und 1891 die ersten Militärs bei Silberer zu „Militäraeronauten" ausbilden. Letztlich wurde seitens des k.u.k. Kriegsministeriums die Entscheidung zur Gründung einer eigenen, ausschließlich für militärische Zwecke ausgerichteten, „Militär-Aeronautischen Anstalt" angeordnet. Da die Ballons vor allem für den Beobachtungsdienst vorgesehen wurden, zumal die Erzeugung der notwendigen Gasmengen an ortsfeste Fabrikationsstätten gebunden war, unterstellte man das Ballonwesen der Festungsartillerie. Standort der neuen Anstalt wurde das Wiener Arsenal, wo am 20. August 1893 der erste rein militärische Ballonfahrerkurs begonnen wurde. Nach und nach wurden auch in anderen großen Festungen der k.u.k. Monarchie (Przemysl, Krakau) Ballonabteilungen aufgestellt und nahmen auch an Manövern teil. Mit der Entwicklung mobiler Gasbehälter und Transportwagen ergab sich die Möglichkeit, die Ballons auch abseits der Festungen zu verwenden; im Jahre 1898 konnte die erste Feldballonabteilung formiert werden. Zum Einsatz gelangten sogenannte Kugelballons (M.96), die sich vor allem für Freiflüge eigneten, und „Drachenballons" (M.98), welche durch ihre längliche und aerodynamische Form beim Einsatz als Fesselballons auch bei starkem Wind nicht niedergedrückt werden konnten.

Die Entwicklung von Lenkluftschiffen setzte in Österreich-Ungarn im Vergleich zu anderen Staaten relativ spät ein. Dabei hatte sich das neuartige Lenkluftschiff von vornherein gegen das noch modernere Flugzeug durch-

Bau der Ballonhalle auf dem Gelände der Militäraeronautischen Anstalt im k.u.k. Artilleriearsenal in Wien, um 1893.

Transport eines Kugelballons M.96 aus der Halle der Militäraeronautischen Anstalt im Arsenal in Wien.

Abmontieren des Auslegers des k.u.k. Militärluftschiffes M.III System Körtnig.

Kugelballone M.96 auf dem Gelände der Militäraeronautischen Anstalt vor dem Start zu einer Wettfahrt im Jahre 1908.

Militärluftschiff System „Parseval" vor der Luftschiffhalle auf dem Gelände der Luftschifferabteilung in Fischamend bei der Erprobung der höchsten Neigungsmöglichkeit.

Übungsflug des Oberleutnants von Plaschke von Wiener Neustadt nach Fischamend mit einer Etrich-Taube.

zusetzen. Auch bei den Lenkluftschiffen oder Lenkballons standen zivile Idealisten am Ausgangspunkt der Entwicklung. Die Grazer Artistenfamilie Renner führte im Jahr 1909 im Wiener Prater die ersten Flugvorführungen durch und löste damit, obwohl die Idee des Lenkballons vorher eher skeptisch beurteilt worden war, konkrete Überlegungen zur militärischen Nutzung aus. In der Folge wurde die k.u.k. Militär-Aeronautische Anstalt im Wiener Arsenal in „Luftschifferabteilung" umbenannt, administrativ aus der Festungsartillerie herausgelöst und der neu aufgestellten „Verkehrstruppenbrigade" (Eisenbahn- und Telegraphenregiment, Automobilkorps) unterstellt. Aufgrund der unzureichenden Raummöglichkeiten musste vor dem Ankauf des ersten Lenkschiffes ein Ersatzgelände bereitgestellt werden: Fündig wurde man schließlich in Fischamend bei Wien, wo man eine Ballonhalle und eine Wasserstoffgasfabrik errichtete; das erste Fachpersonal erhielt seine Ausbildung in Deutschland. In den Jahren von 1909 bis 1914 setzte sich die Idee des Lenkluftschiffes in Österreich-Ungarn jedoch nicht durch. Die Bereitstellung der großen Gasmengen sowie der notwendigen Hallen erwies sich als überaus kostenintensiv, sodass letztlich lediglich vier Lenkluftschiffe in Dienst gestellt wurden. Ein fünfter (System Stagl-Mannsbarth) Lenkballon, das damals größte Lenkluftschiff der Welt, wurde seitens des k.u.k. Kriegsministeriums nicht mehr angekauft.

Gerade in die Phase der Implementierung der Lenkballone fiel auch die dynamisch gewordene Entwicklung des Flugzeugs. Wenn auch bereits erste eigenständige Ideen, etwa die Konstruktion eines „Drachenflugzeugs" (System Hipssich), entwickelt wurden, so waren die ersten verlässlichen Typen doch ausländische Modelle. Nachdem der Ankauf eines Wright-Apparats aus Kostengründen gescheitert war, schien der Einstieg des k.u.k. Militärs in die Luftfahrtbranche vorerst gefährdet, doch zeigten sich reiche Privatiers überaus großzügig und überließen dem Staat zahlreiche Maschinen unentgeltlich. Die ersten Pilotenausbildungen erfolgten auf dem im Jahre 1909 neu gewidmeten Flugfeld bei Wiener Neustadt, das erste Pilotendiplom für einen k.u.k. Offizier (Olt Miescislav Miller) wurde am 22. Juni 1910 erworben. Im Rahmen eines Flugtags in Wiener Neustadt im Herbst 1910 bewiesen die ersten Feldpiloten der k.u.k. Luftschifferabteilung ihr Leistungsvermögen, was den Generalstabschef der österreichisch-ungarischen Armee, Franz Conrad von Hötzendorf, dazu veranlasste, langfristig die Einstellung von 200 Flugzeugen und die Ausbildung von 400 Feldpiloten ins Auge zu fassen. Die Typenentscheidung sollte im Rahmen einer Ausschreibung vorgenommen werden, wobei lediglich österreichische oder ungarische Konstrukteure/Firmen zugelassen wurden. In diesem Zusammenhang wurden drei Aeroplane bestellt (Etrich, Warchalowski, Pischof). Das erste Exemplar, eine bei der Firma Lohner gebaute „Etrich-Taube", wurde im April 1911 übernommen und erwies sich bei der technischen Abnahme als so herausragend, dass auf die Konkurrenzmodelle verzichtet und stattdessen zwei weitere „Tauben" angekauft wurden – die Basis für die weitere Entwicklung der k.u.k. Luftstreitkräfte war geschaffen. Am 19. April 1911 wurde schließlich die „Flugma-

Inneres der Luftschiffhalle in Fischamend mit Teilen des Luftschiffes System „Stagl-Mannsbarth".

schinen-Instruktionsabteilung", die erste militärische Fliegerschule in Österreich-Ungarn, in Wiener Neustadt eingerichtet und bereits im Mai mit dem ersten Kurs begonnen. Die erhebliche Erweiterung des militärischen Flugwesens erforderte auch im organisatorischen Rahmen einen neuen Ansatz. Im Oktober 1911 wurde festgelegt, die Luftschifferabteilung ausschließlich mit den Agenden des Lenkluftschiff- und Flugmaschinenwesens zu betrauen, während die Ballonabteilungen wiederum in die Festungsartillerie überführt wurden. Die Erfolge von Piloten und Maschinen ließen auch nicht lange auf sich warten. Bei der ersten Österreichischen Flugwoche in Wiener Neustadt im Oktober 1911 wurden bereits acht Weltrekorde aufgestellt, wozu im Juni 1912 noch zwei Höhenweltrekorde mit dem neu entwickelten „Lohner Pfeilflieger" traten. Mit dem „Pfeilflieger" stand der k.u.k. Armee einer der hervorragendsten Flugapparate der Welt zur Verfügung. Dennoch, es fehlte am Geld, um die von Conrad von Hötzendorf geforderte Anzahl von Flugzeugen zu beschaffen. Im Rahmen einer groß angelegten Spendenaktion zur Schaffung einer Österreichischen Luftflotte konnten dem k.u.k. Kriegsministerium im Jahre 1912 rund zwei Millionen Kronen zur Verfügung gestellt werden, die man zur Beschaffung weiterer „Pfeilflieger" (Typ B) heranzog.

Mit der Ernennung des Oberstleutnants Emil Uzelac zum Kommandanten der Luftschifferabteilung nahm der Ausbau der österreichisch-ungarischen Fliegertruppe noch dynamischere Formen an. Die Ausbildung der Piloten wurde forciert und es wurden erstmals auch Unteroffiziere zu den Kursen zugelassen. Neben den bestehenden Flugplätzen in Fischamend, Wiener Neustadt und Görz stellte man während des Balkankriegs 1912 auch noch Flugparks in Przemysl, Ujvidek und Sarajewo auf, wozu im Jahre 1913 auch noch ein weiterer in Mostar trat. Trotz dieser erheblichen Fortschritte gelang jedoch die Realisierung des Ausbaupro-

Lenkluftschiff System „Stagl-Mannsbarth" im Flug.

gramms aus dem Jahre 1910 (200 Flugzeuge) infolge mangelnder Finanzmittel bis zum Kriegsausbruch 1914 nicht mehr.

Parallel zu den Landstreitkräften beschäftigte sich auch die Marine mit der Frage des Flugzeugwesens. Die ersten Marineangehörigen absolvierten ihre Pilotenausbildung bereits im Jahre 1910 in Wiener Neustadt, obwohl zu diesem Zeitpunkt noch gar keine Wasserflugzeuge/Flugboote zur Verfügung standen. Um Kosten zu sparen, sollten auch keine ausländischen Typen angekauft, sondern ein inländisches Flugzeug konstruiert werden. Als Seeflug(versuchs-)station wurde die Insel Santa Catarina in Pola herangezogen. Nachdem inländische Konstruktionen für den Marineeinsatz vorerst wenig geeignet schienen, entschied man sich letztlich doch noch für den Ankauf französischer Typen, die bis Anfang 1913 einsatzbereit waren. In diesem Jahr kam es auch bereits zum ersten Einsatz der Marineflieger, als drei Maschinen während der Blockade der albanischen Küste einer österreichisch-ungarischen Schlachtschiffdivision mit Stützpunkt in Kumbor zugeteilt wurden. In diesem Jahr fand das Marinefliegerwesen auch seinen organisatorischen Niederschlag innerhalb der k.u.k. Kriegsmarine, der „Aviatische Dienst" wurde zu einem offiziellen Bestandteil der Marine. Infolge des hohen und wohl auch prestigeträchtigen Stellenwerts der Marinefliegerei meldeten sich zahlreiche Marineangehörige freiwillig zu der neuen Waffengattung, wenn auch die Absolventenzahlen infolge der intensiveren Ausbildung jene der Heeresflieger bei Weitem nicht erreichten. Ende 1913 lieferte die Firma Lohner auch ihr erstes voll einsatzbereites Flugboot (Typ „E"), das in seinen Eigenschaften den ausländischen Typen um nichts nachstand. Dadurch konnte auf den weiteren, sehr kostenintensiven Flugzeugkauf im Ausland zukünftig verzichtet werden. Bis Juli 1914 gelangten insgesamt sechs Flugboote Typ „E" zur Auslieferung.

M. Christian Ortner, Thomas Ilming

Der Beginn der Luftfahrttechnik in Österreich-Ungarn

Oberleutnant Eugen Steiner von Göltl im Cockpit einer Etrich-Taube auf dem Flugfeld Wiener Neustadt.

Der Beginn der Luftfahrttechnik in Österreich-Ungarn

Das erste Motorflugzeug gelangte im Jahre 1909 nach Österreich. Es handelte sich dabei um einen umgebauten französischen Voisin-Farman-I-Doppeldecker, der infolge mehrerer Umbauten an Flugeigenschaften verloren hatte und einem Veranstalter für Schauflüge in Wien verkauft worden war. Leider erwies sich das Flugzeug trotz Rückbaus immer noch nicht als flugfähig und auch eine Weitergabe an die „Militär-Aeronautische Anstalt" konnte den Doppeldecker nicht in die Luft bringen. Damit war der erste Kontakt Österreichs mit der Motorfliegerei nicht besonders glücklich verlaufen. Dennoch entwickelte die „Fliegerei, schwerer als Luft" in den folgenden Jahren eine beachtliche Dynamik, wobei nicht immer staatliche Stellen, sondern begeisterte Privatiers als entscheidende Impulsgeber fungierten.

Wenige Monate nach dem gescheiterten Flugversuch des französischen Doppeldeckers versuchte Karl Illner, der Werkmeister Ignaz Etrichs, mit einem mit Motor verstärkten Gleiter (Etrich-Wels) erste Fahrversuche, wobei es unerwartet zu einem 40-m-Flug kam. Damit schien zumindest der erste Ansatz zur Entwicklung motorbetriebener Flugmaschinen in Österreich geschafft, doch war – um den inter-

„Kaiser-Meeting" in Wiener Neustadt am 18. September 1910. Kaiser Franz Joseph I. besichtigt die Fluggeräte.

Ignaz (Igo) Etrich (rechts im Bild) vor einer „Taube".

Karl Illner (rechts) mit Ferdinand Porsche auf einem Flugfeld.

nationalen Stand der Flugtechnik zu diesem Zeitpunkt zu dokumentieren – dem Franzosen Louis Blériot einige Wochen zuvor bereits die erste Ärmelkanalüberquerung in seinem Flugapparat geglückt. Als Louis Blériot im Oktober 1909 im Rahmen einer Europareise auf der Simmeringer Haide vor dem Kaiser und begeisterten Zuschauern seine Schauflüge vorführte, kannte der Enthusiasmus keine Grenzen. Die österreichischen Flugbegeisterten konnten zu diesem Zeitpunkt bereits auf ein eigenes Flugfeld zurückgreifen, das auf Anregung des Präsidenten des Österreichischen Aero-Clubs, Viktor Silberer, auf dem Steinfeld bei Wiener Neustadt geschaffen worden war. Neben dem Ballonwesen sollte auch die Motorfliegerei hier ihr vorläufiges Zentrum finden. Die baulichen Einrichtungen wurden ständig erweitert, und im Frühjahr 1910 befanden sich bereits 13 Hangars vor Ort, in denen die privaten, meist französischen Apparate der Flugenthusiasten eingestellt wurden. Unter ihnen Adolf Warchalowski mit einem Farman-Apparat, Vinzenz Wiesenbachs nach Richard Knoller umgebauter Wright-Apparat sowie zwei österreichische Apparate, ein Etrich-II-Monoplan („Taube") und ein Hochdecker von Alfred von Pischof; und kontinuierlich kamen neue Konstruktionen hinzu. Im Jahr 1910 sollten schließlich auch die österreichischen Eigenkonstruktionen ihre ersten „Höhenflüge" im wahrsten Sinn des Wortes erleben. Pischofs „Autoplan" gelang bis Mai der erste Passagier- und Überlandflug, im April hatte Igo Etrichs/Karl Etrichs „Taube" den ersten österreichischen Dauerflugrekord (25 min) aufgestellt. Durch diese Leistungen motiviert, zog es immer mehr österreichische Flugzeugkonstrukteure nach Wiener Neustadt. Auch die Motorenproduktion erkannte die Vorteile der unmittelbaren Nähe des Flugfelds, was Daimler dazu veranlasste, ein Aeroplanmotorenwerk unter Direktor Ferdinand Porsche vor Ort zu errichten. Diese Symbiose führte letztlich dazu, dass das Flugfeld Wiener Neustadt neben seiner Funktion als Start- und Versuchsgelände auch als Produktionsstätte für einzelne Konstrukteure fungierte.

Bei Kriegsbeginn im Juli 1914 standen der k.u.k. Armee lediglich Flugapparate der Firma Lohner zur Verfügung, da sich dieses Unternehmen als einziges fähig zeigte, Flugzeuge in Serie zu bauen. An Typen waren „Etrich-Tauben" und „Lohner-Pfeilflieger" sowie Flugboote ausgeliefert worden, die Motoren stammten

Kampfflugzeug UFAG C1 161.12.

meist von Austro-Daimler. Da die Produktion in den begrenzten Anlagen der Firma Lohner nicht so rasch gesteigert werden konnte, wurden unmittelbar nach Kriegsbeginn auch deutsche Maschinen angekauft. Auch erwies sich Wiener Neustadt mit dem zunehmenden Bedarf an Flugzeugen und Pilotenkursen als zu klein, sodass Fischamend (Luftschifferhafen) und Aspern-Eßlingen als Hauptstützpunkte für die k.u.k. Fliegertruppe ausgebaut wurden. Wie rasant der Ausbau an Produktionsstätten während des ersten Kriegsjahres erfolgte, dokumentiert die im Jahr 1915 bereits auf sieben angewachsene Zahl an Flugzeugwerken. Neben Lohner produzierten Albatros, Aviatik, Lloyd, Ufag, Oeffag und das k.u.k. Fliegerarsenal in Fischamend österreichisch-ungarische Flugzeuge, wobei neben Eigenkonstruktionen auch zahlreiche Lizenzfertigungen traten.

Die erste eigenständige Konstruktion eines Jagdflugzeuges in Österreich während des Kriegs war die Aviatik D 1 im Jahre 1916. Dieses Flugzeug wurde in verschiedenen Werken in 650 Exemplaren gebaut. Neben den in Österreich erzeugten Flugzeugen wurden auch in Ungarn bei den ungarischen Lloyd Flugzeug- und Motorenwerken und der Ufag (Ungarischen Flugzeugwerke AG, Budapest) sowohl Lizenzbauten als auch Eigenkonstruktionen hergestellt. Die UFAG C1 wurde im Sommer 1917 als Kampfflugzeug entwickelt und hauptsächlich am italienischen Kriegsschauplatz eingesetzt.

Die durch die Kriegswichtigkeit der Flugzeuge rasante Entwicklung basiert natürlich zu einem großen Teil auf der Weiterentwicklung der Flugmotoren. Zu Beginn des Kriegs waren die Motoren mit einer Leistung von rund 145 PS ausgeliefert worden, jedoch erforderten erhöhte Geschwindigkeit bzw. Nutzlast Weiterentwicklungen, die im Jahre 1916 zur Konstruktion eines 12-Zylinder-Motors mit 300 PS führten. Dieser von Austro Daimler entwickelte und produzierte Motor entstand durch den Zusammenbau von zwei 6-Zylinder-Reihenmotoren. Der Entwicklungsauftrag wurde von der Marine erteilt, der Einbau erfolgte hauptsächlich in Flugbooten der Type „K".

Parallel zum Aufbau der Heeresfliegerei wurde – wie bereits erwähnt – seitens der k.u.k. Kriegsmarine ab Ende 1910 die Entwicklung von speziellen Marineflugzeugen vorangetrieben. Anfang 1911 wurde mit dem Bau des ersten Flugzeugs der österreichisch-ungarischen Kriegsmarine begonnen, welches im April 1912 fertiggestellt werden konnte. Im gleichen Jahr lieferte auch die heimische Privatindustrie die ersten beiden Wasserflugzeuge, eine auf Schwimmer gestellte Etrich-Taube und einen im Autoplanwerk gebauten Warchalowski-Doppeldecker. Obwohl diese Flugzeuge befriedigende Ergebnisse brachten, entschied sich das k.u.k. Kriegsministerium, wohl beeinflusst durch die Kriegserklärung der Balkanbundstaaten an die Türkei, vier Flugboote im Ausland zu beschaffen. Damit stand einer Systemisierung der Marinefliegerei nichts mehr im Wege. Im Herbst 1913 wurde das Seeflugwesen unter dem Kommando von Linienschiffs-Leutnant Wenzel Wosecek zu einem festen Bestandteil der k.u.k. Kriegsmarine.

Einbau des Benzintanks in ein Flugzeug der k.u.k. Fliegerkompanie Nr. 36, 20. Oktober 1917.

Einbau des Motors in ein Flugzeug der k.u.k. Fliegerkompanie Nr. 36, 20. Oktober 1917.

Aufbau von Flugzeugen der k.u.k. Fliegerkompanie Nr. 36, 20. Oktober 1917.

Im November 1913 lieferte die Firma Lohner & Co ihr erstes Flugboot an die k.u.k. Kriegsmarine. Es zeigte sich bereits bei den ersten Testflügen, dass der Lohner Typ „E" den französischen Maschinen um nichts nachstand. Kurz nach den ersten Erprobungsflügen wurden bei der Firma Lohner 40 weitere Exemplare des Typs E bestellt, von denen jedoch bis Juli 1914 nur sechs Stück ausgeliefert werden konnten. Während des Ersten Weltkriegs wurde Lohner & Co zum wichtigsten Lieferanten von Flugbooten für die k.u.k. Kriegsmarine.

Durch die höhere Leistung der Motoren und den Bau von zwei- bzw. dreimotorigen Flugzeugen konnten im Verlauf des Weltkriegs die Traglast und die Steigfähigkeit der Flugzeuge drastisch erhöht werden; somit entstand eine Reihe von österreichisch-ungarischen Bombenflugzeugen, die aber in vielen Fällen nur als Prototyp gebaut wurden. Die Aviatik G, ein dreimotoriges Großbomberflugzeug, wurde im Oktober 1916 von Julius von Berg konstruiert. Durch Verzögerungen bei der Motorenanlieferung konnte der Erstflug jedoch erst im März 1918 stattfinden, wodurch eine Serienproduktion nicht mehr eingeleitet werden konnte. Die Bomberformationen waren zu diesem Zeitpunkt bereits mit deutschen Gotha-G4-Modellen ausgerüstet worden – die Weiterentwicklung des „Berg-Apparats" wurde daher abgebrochen.

Trotz intensiver Bemühungen und der Einstellung zahlreicher Facharbeitskräfte wurde es im Verlauf des Kriegs immer schwieriger, die vorgegebenen Liefertermine einzuhalten. Der drückende Mangel an Rohmaterialien verschärfte sich von Jahr zu Jahr und selbst das Ausweichen auf Ersatzstoffe, wie zum Beispiel verzinktes Eisenblech statt Buntmetalle, konnte die Probleme kaum mildern. Da die gegnerischen Flugzeugproduktionen weniger unter derartigen Mängeln zu leiden hatten, überflügelten diese die österreichisch-ungarische Flugzeugproduktion bei Weitem.

Aus diesen Gründen wurde versucht, die Verknappung von flugfähigen Apparaten durch die Wiederinstandsetzung von havarierten Apparaten oder Beuteflugzeugen in den Fliegeretappenwerkstätten zu mildern. Trotzdem standen oft nur ein oder zwei tatsächlich einsatzbereite

Großbombenflugzeug Aviatik 30.17 Type Mises G (Prototyp).

Flugzeuge in den einzelnen Fliegerkompanien (Sollstand 8–10 Flugzeuge) zur Verfügung. Trotz der schwierigen Rahmenbedingungen insbesondere im Bereich der Flugzeug- und Motorenproduktion während des Kriegs wurden in technischer Hinsicht große Leistungen bei der Entwicklung neuer Typen vollbracht, die jedoch aufgrund materialbedingter Produktionsschwierigkeiten meist nicht die Stufe der umfassenden Serienproduktion erreichten. Aufgrund der Bestimmungen des Vertrags von Saint Germain, welcher der jungen Republik Österreich den Unterhalt eigener Luftstreitkräfte verbot, fand auch die österreichische Flugzeugproduktion und -entwicklung ihr vorläufiges Ende.

Flugzeugproduktion im Ersten Weltkrieg (in Stück)

Land	1914	1915	1916	1917	1918	Gesamtproduktion
Deutsches Kaiserreich	1348	4532	8182	19.746	14.123	47.931
Österreich-Ungarn	70	238	931	1714	2438	5391
Großbritannien	245	1933	6099	14.748	32.036	55.061
Frankreich	541	4489	7549	14.915	24.652	52.146
USA	–	–	83	1807	11.950	13.840
Italien	–	382	1255	3871	6532	12.031
Russland	535	1305	1870	1897	–	5607

Wolfgang Sablatnig

Wagemut und Erfindergeist – Flugpionier Josef Sablatnig

„… durch Kaiser Franz Joseph etwas verdeckt"

Der "Wiener Luftschiffer-Zeitung" war das Ereignis im Oktober 1910 einen eigenen Beitrag wert: „Ingenieur Josef Sablatnig […] ist der Aviatiker, der das Dutzend diplomierter österreichischer Flugpiloten komplettiert hat", hieß es dort. Vor dem „Prüfungskommissär" Hauptmann Wilhelm Booms – Inhaber des Diploms Nr. 9 – hatte Sablatnig am 24. August 1910 in Spittal/Drau seine Prüfung abgelegt: Für fünf Kilometer in geschlossener Runde – so die Aufgabe – brauchte er 4:40 Minuten. Zwei weitere Flüge zu ebenfalls knapp fünf Minuten folgten. Booms konnte zufrieden sein.

Josef Sablatnig war damals 24 Jahre alt. Sein Vater war als Selcher in Klagenfurt einem bodenständigen Handwerk nachgegangen. Josef, geboren am 9. Februar 1886 als ältestes von sechs Kindern, wollte höher hinaus. Schon als Schüler faszinierten ihn die rasanten technischen Entwicklungen seiner Zeit. Zuerst war es das Automobil – in den ersten Jahren des 20. Jahrhunderts noch eine echte Rarität. Sablatnig hatte jedoch privilegierten Zugang in der

Den Flugtag am 18. September 1910 besuchte auch der greise Monarch. Die handschriftliche Notiz zum Foto stammt von Josef Sablatnigs Bruder Fritz.

Josef Sablatnig lernte das Fliegen auf einer Maschine der Gebrüder Wright. Diese hatten in Johannisthal bei Berlin eine Niederlassung. Foto aus dem Jahr 1910.

Erst 1919 steigt die „C III" zu ihrem Jungfernflug auf, deren Bau Sablatnig und sein Chefkonstrukteur Hans Seehase noch im letzten Kriegsjahr begonnen hatten.

Ein Flugtag – im Bild die Klagenfurter Haide am 10. Juni 1910 – war ein gesellschaftliches Ereignis ersten Rangs. Ein Geschäft war damit dennoch nicht zu machen.

Der „Militärdoppeldecker" von Josef Sablatnig (1912) zeigte zwar hervorragende Flugeigenschaften. Die Armee des Kaisers vertraute dennoch lieber der bewährten Etrich-Taube.

Werkstatt des Vaters seines Schulkameraden Thomas Bohrer.

Sehr bald wurde dann auch das Fliegen zum Thema. Treibende Kraft dabei sei mit Josef Mickl ein weiterer Schulkamerad gewesen, schrieb Sablatnigs Bruder Fritz fast 60 Jahre später. In den Sommerferien – Sablatnig hatte 1904 in Graz ein Maschinenbaustudium begonnen – experimentierten die drei mit Fluggeräten. Versuche, einen drachenähnlichen Gleitflieger mit einem Auto in die Höhe zu bringen, endeten mit einer Bruchlandung des unbemannten Geräts. Mehr Erfolg brachten die Testflüge mit einer diesmal bemannten Weiterentwicklung im Sommer 1907.

1909 folgte dann die endgültige Hinwendung des Technik-Freaks zur Fliegerei. Als Beifahrer von Otto Hieronimus, dem Chefkonstrukteur der Škoda-Vorgängerfirma Laurin & Klement, schnupperte Josef Sablatnig bei Autorennen in Österreich, Frankreich und England in die Welt des Motorsports. In Pau (Frankreich) sah er 1909 bei einer dieser Reisen Wilbur Wright fliegen. Ein einschneidendes Erlebnis: Noch im selben Jahr besuchte er die Flugschule der Wrights in Johannisthal bei Berlin. Und als der Kärntner Automobilklub den Kauf eines Wright-Fliegers beschloss, wurde Sablatnig als Pilot der Maschine angeheuert.

Noch war nicht klar, in welche Richtung sich die Fliegerei entwickeln würde. Vorerst überwog der Reiz des Neuen und Exotischen. Die Piloten wurden bewundert und bestaunt, sie waren Artisten, Helden und Gladiatoren, sie waren in gewisser Weise Narren. Für den Automobilklub ging auch Sablatnig auf Tour. Ein Flugtag war ein Großereignis, das viele Gäste anlockte. Offiziere in Uniform, Damen und Herren im Sonntagsstaat – und die Zeitungen sparten nicht mit euphorischen Kommentaren.

„Das Publikum klatschte begeistert in die Hände, die Schranken werden überklettert oder niedergerissen, aber Sablatnig entzieht sich laufend dem nicht ungefährlichen Enthusiasmus der Menge und verschwindet im Hangar, während berittene Polizei und Gendarmen die Menge zurückhalten", schrieb die Zeitung „Bohemia" am 3. Oktober 1910, einen Tag, nachdem auch bei Prag ein Flugtag stattgefunden hatte.

Wenige Wochen zuvor, am 18. September 1910, hatte der greise Monarch eine Schau besucht. Im Gehrock traten die Flieger neben ihren Maschinen an, um vom Kaiser begrüßt zu werden.

Nur drei Piloten nahmen im Sommer 1911 den Niederösterreich-Rundflug in Angriff. Einzig Josef Sablatnig (im weißen Rock) erreichte das Ziel.

„Sablatnig von Kaiser Franz Joseph etwas verdeckt", notierte Sablatnigs Bruder Fritz in seinem privaten Archiv unter einem Foto dieses Ereignisses.

Geld ließ sich mit den Flugschauen trotz dieser allerhöchsten Aufmerksamkeit nicht verdienen. Das Publikum zog es vor, aus einiger Entfernung – dafür aber gratis – die Flugversuche zu bestaunen. Die logische Konsequenz der geprellten Veranstalter: kein Eintritt, kein Schaufliegen mehr.

Noch war die Zeit der sprichwörtlich tollkühnen Männer aber nicht vorbei – auch nicht für Josef Sablatnig. Im Frühjahr 1911 engagierten ihn die Brüder August und Adolf Warchalowski für ihre Österreichisch-Ungarischen Autoplanwerke in Wiener Neustadt als Chefkonstrukteur und Chefpilot. Als solcher nahm er nach wie vor an Wettbewerben teil, er erflog Preise und Rekorde.

Die „Neue Freie Presse" hielt vieles fest. Einen Nachtflug von Wiener Neustadt über Wien nach Fischamend und zurück nach Wiener Neustadt Anfang August 1911 etwa, mit einem Passagier. Der Kommentar der „Presse" dazu: Militärisch seien die Erfahrungen sehr wichtig; der „allgemeine Wert" dieses „Wagnisses" sei aber weniger bedeutend. Passagierflug, noch dazu nachts? Offenbar war das kein Thema in dieser Frühphase der Fliegerei.

Und das Flugzeug als Transportmittel für Mensch und Güter? Die Bauweise der damaligen Maschinen bot noch keine allzu großen Möglichkeiten. Ein Flug mit fünf Passagieren, wie ihn Sablatnig am 21. Dezember 1911 durchführte, war nur unter abenteuerlichen Umständen möglich: Die Gäste erlebten den Flug liegend, festgeschnallt auf die unteren Tragflächen des Doppeldeckers.

Zumindest kamen sie sicher wieder zu Boden. Ihr Pilot Sablatnig hatte da auch ganz andere Erfahrungen gemacht. Im Juni 1911 etwa, als er aus rund 100 Metern Höhe abstürzte. „Sablatnig hatte Glück", berichtete Bruder Fritz, „er brach sich nur eine Zehe und schlug sich einen Zahn aus." Ursache des Absturzes war ein schadhafter Propeller, der nach einem früheren Unfall zusammengeleimt und noch einmal eingesetzt worden war. Der Pilot hatte davon keine Ahnung gehabt.

Abenteuerlich waren auch die Umstände beim „Großen Preis von Niederösterreich": 20.000 Kronen Preisgeld, Start und Ziel in Wiener Neustadt, verpflichtende Zwischenlandungen

Die 1920 fertiggestellte „P III" war das erste reine Passagierflugzeug von Josef Sablatnig. Der kommerzielle Erfolg blieb aber aus, nicht zuletzt wegen des von den Siegermächten des Ersten Weltkriegs in Deutschland verhängten Flugzeug-Bauverbots.

in Bruck an der Leitha, Laa an der Thaya, Waidhofen an der Ybbs und St. Pölten. Vom 1. Juni bis zum 31. August 1911 gab der niederösterreichische Landtag den Piloten Zeit, diesen Rundkurs zu absolvieren. 23 Pilotendiplome waren in der Monarchie zu dieser Zeit vergeben, drei Flieger gingen an den Start. Ans Ziel kam nur Sablatnig – aber das auch erst, nachdem er den Start wiederholt und mehrere Male außer Plan zu Boden hatte gehen müssen.

Das p. t. Publikum freilich – ob Presse oder Konsumenten – dürfte gar nicht mitbekommen haben, wie dramatisch manche Szenen wirklich waren. Anfang Oktober 1911 fand in Wiener Neustadt die Erste Österreichische Flugwoche statt. Eine Maschine begann im Flug zu brennen. Sablatnig konnte sich und seinen Passagier dennoch retten – um kurz darauf wieder zu starten. Die „Neue Freie Presse" brachte eine wahre Hymne: „Bewundernswert ist die Unerschrockenheit Sablatnigs, der, kaum dem Flammentod entronnen, in Eile auf das Flugfeld zurückkehrte und dort auf einem anderen Apparat zum Höhenflug antrat." Abgeschlossen habe er diesen mit einem „fabelhaften steilen Gleitflug". Und was war tatsächlich geschehen? In 1000 Metern Höhe hatte der Motor zu brennen begonnen, der Sturzflug sollte ihn löschen. Das sei wohl auch gelungen, bemerkte der Pilot danach laut zu seinem Bruder. Denn: „Er war nur wenig angebraten, als wir ihn später untersuchten."

Rekorde, Unfälle, Pannen – alle diese Ereignisse passen in das Bild der „tollkühnen Männer". Die Umsetzung von Wagemut und Erfindergeist in bare Münze und bleibende Bekanntheit gelang Sablatnig aber nicht. Nicht in Wiener Neustadt, denn der kommerzielle Durchbruch blieb den Autoplanwerken verwehrt. Auch nicht später in Berlin, wo er zwar im Ersten Weltkrieg ein wichtiger Flugzeuglieferant für die deutsche Marine wurde, am Einstieg in die zivile Luftfahrt trotz zukunftsweisender Ideen aber scheiterte.

Dabei hatte sich die Arbeit in Wiener Neustadt nicht schlecht angelassen. Zwei Konstruktionen gingen auf das Konto des gebürtigen Kärntners. Das „Sablatnig Baby", ein kleiner Doppeldecker – und vor allem der sogenannte Militärdoppeldecker. Wirtschaftliches Ziel dieser Entwicklung war, beim Etat des Militärs mitzunaschen. Technisches Ziel war eine Maschine, die große Lasten über große Entfernungen transportieren konnte. Bei der „Wiener

Die ersten Flugzeuge waren nicht für Personentransporte ausgelegt. Gab es Fluggäste – wie hier im Dezember 1911 –, mussten diese abenteuerliche Positionen einnehmen.

Flugwoche" im Juni 1912 stellte Sablatnig die Leistungsfähigkeit seiner Entwicklung auch unter Beweis.

Die Armee des Kaisers entschied sich dennoch für Igo Etrichs Taube. Diese wirtschaftliche Niederlage markierte zugleich den Endpunkt der Autoplanwerke. Denn auch der Lizenzbau eines Nieuport-Eindeckers (Frankreich) kam nicht zustande.

Josef Sablatnig verließ Wiener Neustadt und somit die Geschichte der österreichischen Fliegerei. Seine nächsten Konstruktionen liefen unter deutscher Flagge; Heinrich von Preußen, der Bruder des deutschen Kaisers, hatte den österreichischen Flieger angeworben.

Für die deutsche Marine baute Sablatnig im Ersten Weltkrieg auch tatsächlich eine erkleckliche Anzahl Maschinen, 167 aus eigener Konstruktion und 65 Nachbauten in Lizenz. Ließ er seine Maschinen anfangs in anderen Werken bauen, gründete er im Oktober 1916 gemeinsam mit dem Bankier Josef Molling den „Sablatnig Flugzeugbau" mit Stammsitz an der Schlesischen Straße in Berlin, an der Mündung des Landwehrkanals in die Spree.

Nach der Niederlage Deutschlands versuchte das Unternehmen sein Glück am zivilen Sektor. Zuerst mit einem umgebauten Nachtbomber aus dem Weltkrieg, Typenbezeichnung „P I". Später mit der „P III", die bereits als Passagiermaschine geplant wurde. Pilot und „Wegführer" saßen noch im Freien. Die bis zu sechs Passagiere hingegen konnten sich schon über zahlreiche Annehmlichkeiten freuen. „Klapptisch, Uhr, Spiegel, Blumenvase und elektrischer Zigarrenanzünder sind vorhanden", heißt es in einem umfangreichen Prospekt aus dem Werk. Erwähnenswert schien zudem, dass die Kabinenheizung von den Fluggästen selbst reguliert werden konnte und ausdrücklich ohne Verwendung der „Auspuffgase" auskam.

Mit seinen Flugzeugen startete er auch einen Linienbetrieb, den „Lloyd Luftverkehr Sablatnig", der später in einer Vorgänger-Gesellschaft der 1926 gegründeten Lufthansa aufging. Als Absatzmärkte für Maschinen und Luftlinie waren Dänemark, Estland und Brasilien im Gespräch. Einzelne Flugzeuge wurden bis Anfang der 1930er-Jahre von der bereits gegründeten Lufthansa geflogen.

Anders als etwa Hugo Junkers schafften es Sablatnig und Molling aber nicht, das Flugzeugbauverbot der Entente zu durchtauchen. Sie liquidierten die Firma.

Die nächsten Jahre sahen Sablatnig in Berlin als Techniker mit breitem Portfolio. Ein Auto trug Mitte der 1920er-Jahre seinen Namen. Im deutschen Präsidentschaftswahlkampf 1932 waren von ihm mit Lautsprechern ausgerüstete Maschinen als fliegende Propagandamittel für General Hindenburg unterwegs.

1943 war Josef Sablatnig an der Entwicklung eines Sturmboot-Motors für die deutsche Wehrmacht beteiligt – unter strengster Geheimhaltung und überwacht durch die SS. In den letzten Jahren des Zweiten Weltkriegs schließlich arbeitete er für die Firma EVG, die Trocknungsanlagen für die Landwirtschaft herstellte. Das erhaltene Transkript seines Tagebuchs aus dem letzten Kriegsjahr zeigt, dass er für EVG bis ins Jahr 1945 auf Dienstreise ging. Mitte Juni 1945 wird Josef Sablatnig von den sowjetischen Besatzern in Berlin verhaftet. „Haftgrund: Ortsgruppenleiter", heißt es in den Akten der Gedenkstätte Buchenau. Das Konzentrationslager war nach 1945 von der sowjetischen Militäradministration als „Speziallager Nr. 2" weitergeführt worden. Interniert wurden Deutsche – führende Nationalsozialisten genauso wie mittlere und kleine Parteifunktionäre sowie Opfer von Denunziation, Verwechslung oder willkürlicher Festnahme.

Tatsächlich war Sablatnig bereits am 1. Mai 1933 Mitglied der Partei geworden, er war auch Mitglied des Nationalsozialistischen Fliegerkorps und des Kraftfahrkorps. Offenbar suchte er neue Zukunftschancen, Hinweise auf aktive Mitarbeit in der Partei gibt es bis 1939 aber nicht. Persönliche Aufzeichnungen aus den letzten Kriegsjahren – eine Handvoll Briefe an seinen Bruder Fritz sowie das Tagebuch – lassen ein kritisch-distanziertes Verhältnis zum Regime erkennen. Sablatnig berichtet ungeschönt und teils zynisch von der wirtschaftlichen und militärischen Entwicklung.

Gleichzeitig machte er aber vor allem in den letzten Kriegsmonaten in unregelmäßigen Abständen Dienst in den Parteiorganisationen, verteilte Flugblätter, verbrannte Akten, als die Russen schon in Berlin standen. „Man wird verrückt, aber hier stehts: Neueintragung! 7–8 im NSDAP-Büro", hielt er am 12. Jänner 1945 fest. Einen Monat später, am 12. Februar, schob er Wache auf der Ortsgruppe, am Abend nahm er an einer Besprechung der politischen Leiter teil. „Sehr aufschlussreich", notierte er danach – welche Schlüsse er zog, verrät das Tagebuch nicht.

Nach der Befreiung Berlins hielt Sablatnig Arbeitseinsätze fest, zu denen er als ehemaliger Parteigenosse abkommandiert worden war. Am 31. Mai 1945 schrieb er, er solle als Parteimitglied sein Fahrrad abgeben. Am 5. Juni berichtete er von einem Streit mit zwei Bekannten, darunter einem Mitarbeiter von EVG. „Die haben Papa angezeigt", ergänzte Josef Sablatnigs Sohn Ole später an dieser Stelle im Tagebuch. Die letzte Eintragung ist mit 15. Juni datiert: „Bin 10 zu Bett." Noch am selben Abend oder am nächsten Tag dürfte die Verhaftung erfolgt sein.

Über das weitere Schicksal war die Familie jahrzehntelang ohne gesicherte Nachricht. Ein Heimkehrer berichtete einmal von einem Sablatnig, der in einem Lager Geige gespielt habe. Eine glaubwürdige Information, musizierte Sablatnig doch tatsächlich mit großer Leidenschaft und – wie das Tagebuch belegt – selbst in der Schlussphase des Kriegs.

Erst die Öffnung der Akten nach der Wende 1989 hat Aufklärung zumindest über die Eckdaten gebracht. Sablatnig überlebte seine Festnahme nur um wenige Monate. Er starb am 28. Februar 1946 in Buchenwald.

In öffentlicher Erinnerung geblieben ist vom Kärntner Flugpionier und Technik-Abenteurer wenig. Ein Straßenname nahe dem Klagenfurter Flughafen, ein Gedenkstein in Waidhofen an der Thaya zur Erinnerung an den Niederösterreich-Rundflug 1911. Eine im März 1972 vom damaligen Landeshauptmann Hans Sima enthüllte Büste am Klagenfurter Flughafen hingegen musste inzwischen Erweiterungen und Umbauten des „Kärnten Airports" weichen.

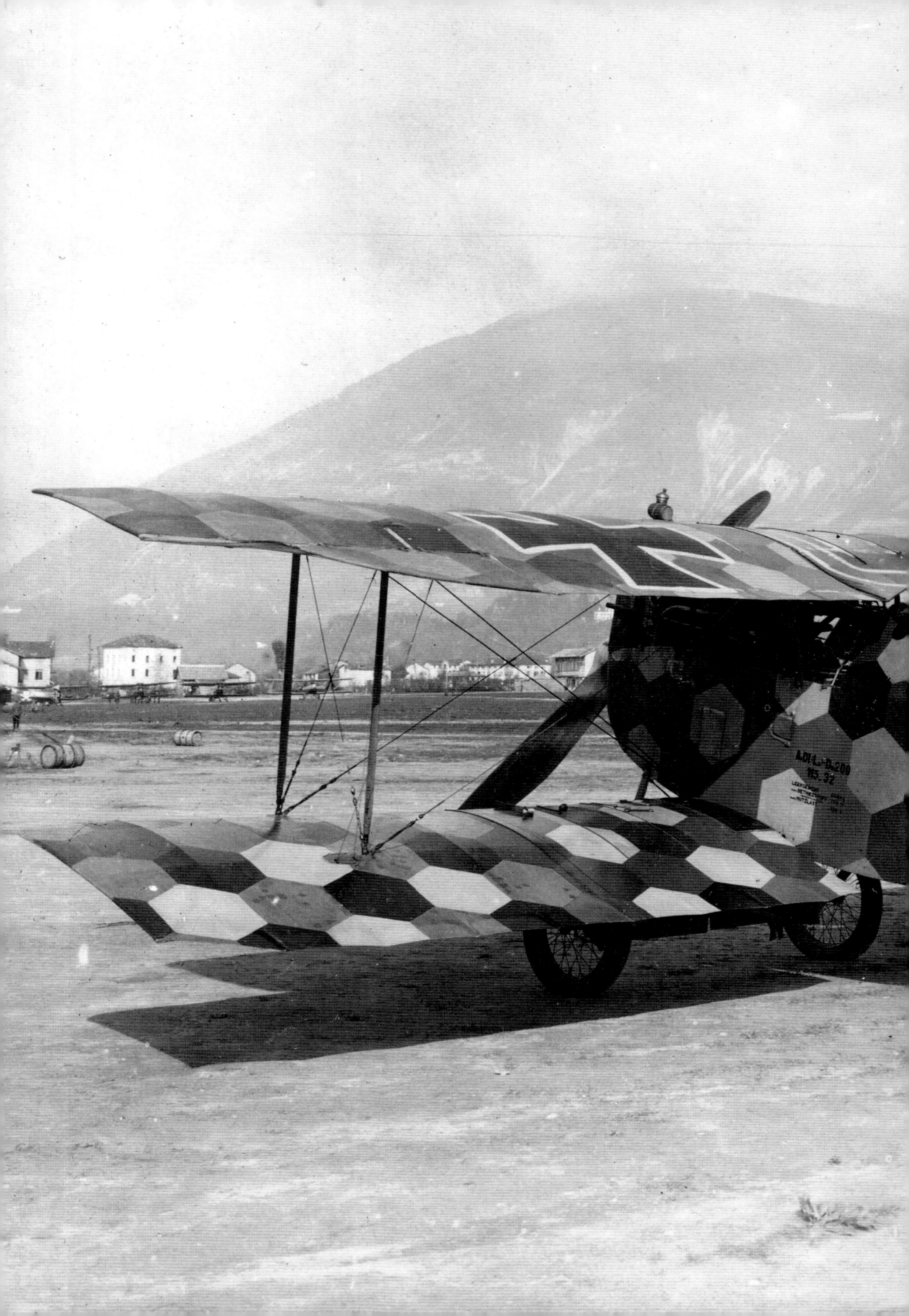

Christoph Neumayer

Die k.u.k. Luftstreitkräfte im Ersten Weltkrieg

Die k.u.k. Luftstreitkräfte im Ersten Weltkrieg

Als am 28. Juni 1914 die tödlichen Schüsse auf Thronfolger Franz Ferdinand und seine Frau Sophie in Sarajewo fielen, waren die k.u.k. Luftschiffer kaum auf eine länger andauernde kriegerische Auseinandersetzung vorbereitet. Die österreichisch-ungarischen Luftstreitkräfte verfügten, als genau einen Monat später die Kriegserklärung Österreich-Ungarns an Serbien erfolgte und am 31. Juli 1914 die Allgemeine Mobilmachung angeordnet wurde, über rund 40 als kriegstauglich eingestufte Flugzeuge und 85 ausgebildete Feldpiloten. Dazu kam, dass das fliegende Material nicht oder nur unzureichend den Anforderungen entsprach: Nachdem es im März und April 1913 zu zwei tödlichen Abstürzen von Lohner-Pfeilfliegern gekommen war, wurden die Flugzeuge der Serien B und C mit Flugverbot belegt. Damit war der Großteil des fliegenden Materials am Boden gebunden und der damals einzige (!) Heereslieferant für Flugzeuge, Lohner, naturgemäß in seiner Arbeit behindert.

Der Beginn der Kampfhandlungen gegenüber Serbien, insbesondere aber die Kriegserklärung an Russland (8. August 1914) machte daher eine rasche Aufstellung weiterer fliege-

Ab August 1915 flogen italienische Bomber Einsätze gegen Ziele an der Front und im Hinterland: abgeschossener Caproni-Bomber.

rischer Kräfte, vor allem zusätzlicher Flugzeuge notwendig. In Deutschland wurden alle für Österreich-Ungarn verfügbaren Maschinen angekauft, mit dem Ziel, insgesamt acht sogenannte Flugparks in voller Kriegsstärke mit je sechs zweisitzigen Aufklärungsflugzeugen auszurüsten. Die wenigen Unternehmen der Luftfahrtindustrie, meist Tochterunternehmen deutscher Produzenten, begannen alle Anstrengungen für den Bau der so dringend benötigten Apparate. Darüber hinaus wurden Fliegerkompanien (Fliks) aufgestellt, von denen sieben an die Front gegen Russland und zwei an die Front gegen Serbien gingen. Der planmäßige Ausrüstungsstand einer Flik, der jedoch in keinem Fall erreicht wurde, bestand aus 6 Flugzeugen, 8 Piloten, 100 Mann, 94 Pferden und 47 Wagen. Bis Jahresende sollten insgesamt 16 Fliegerkompanien aufgestellt sein und 173 Flugzeuge angeschafft werden, wobei 82 aus Deutschland geliefert wurden. Zehn Fliks standen an der russischen, drei an der serbischen, eine an der montenegrinischen Front, zwei blieben als Reserve im Hinterland und hatten Piloten- und Bodenpersonalausbildung vorzunehmen. Die Balkanstreitkräfte wurden durch die k.u.k. See-

Zufahrt zu den Fliegerersatzkompanien 9 und 15 in Arad.

Fesselballon in einem Unterstand: Ab 1917 wurden die Ballonabteilungen in Ballonkompanien umgewandelt und Teil der k.u.k. Luftfahrtruppen. Davor waren sie der Festungsartillerie zugeordnet.

flieger unterstützt, die jedoch zu Kriegsbeginn nur über fünf Einsatz- und 17 Schulflugzeuge verfügten. Die acht Festungsballonabteilungen unterstanden der Artillerie.

Die Gegner Österreich-Ungarns in der Luft waren 1914 von unterschiedlicher Stärke: Russland standen rund 250 Flugzeuge, hauptsächlich aus ausländischer Produktion, sowie 13 Luftschiffe zur Verfügung. Diese waren jedoch zum überwiegenden Teil veraltet und operierten auf einer weitläufigen Front. Serbien konnte nur drei Flugzeuge und ebenso viele Piloten sowie einen Fesselballon in die Auseinandersetzung führen. So blieb bei aller Unzulänglichkeit der österreichisch-ungarischen Luftrüstung doch die Chance, zumindest zu Kriegsbeginn dem Gegner standzuhalten.

Der Einsatz über den Fronten machte auch die deutliche Kennung der Flugapparate notwendig: Waren die Flugzeuge der k.u.k. Luftstreitkräfte ursprünglich mit rot-weiß-roten Markierungen an Tragflächenenden und am Rumpf gekennzeichnet, so führten Verwechslungen und der Umstand, dass die aus Deutschland gelieferten Flugzeuge bereits das deutsche Hoheitszeichen, ein schwarzes Eisernes Kreuz in einem weißen Feld, trugen, dazu, dass diese Kennung an Tragflächen und Seitensteuer endgültig 1915 auch von den k.u.k. Flugzeugen übernommen wurde. Die k.u.k. Seeflieger behielten ein rot-weiß-rotes Seitensteuer mit dem Marinewappen und rot-weiß-rote Streifen an den oberen, ab 1916 auch an den unteren Flügeln.

Die Luftkriegführung, so von einer solchen zu diesem Zeitpunkt überhaupt gesprochen werden kann, stand 1914/15 naturgemäß erst am Beginn. Es herrschten noch keine fundierten Vorstellungen über die Aufgaben und Möglichkeiten fliegerischer Kräfte im Krieg. Die Haupttätigkeit der Flieger bestand anfangs in Aufklärungs-, Verbindungs- und Nachrichtentätigkeit, allmählich kamen Artilleriebeobachtung und Offensiveinsätze mit sogenannten Fliegerpfeilen und ersten Bomben hinzu. Besondere Bedeutung erlangte bald das praktizierte „Radioschießen", die Artilleriefeuerleitung aus der Luft. Die Aufklärungstätigkeit wurde in der zweiten Hälfte des Weltkriegs bereits mit Reihenbildgeräten bewerkstelligt.

Die Flugzeugbewaffnung beschränkte sich anfangs auf Handfeuerwaffen des Beobachters, vereinzelt kamen nach und nach Maschinengewehre (MGs) zum Einsatz. Es bestand zunächst das Problem, dass nicht „durch" den rotierenden Propeller nach vorne geschossen werden konnte, das heißt, das Maschinengewehr musste über der oberen Tragfläche montiert werden bzw. der hinter dem Piloten sitzende Beobachter bediente sein Maschinengewehr – meist an einem Drehring montiert – mit Wirkung nach hinten bzw. in seitliche Richtung. Erst die Synchronisierung des MGs mit dem Flugzeugmotor machte endgültig aus dem Flugzeug eine Jagdwaffe, indem nun der Flugapparat selbst ins Ziel gesteuert wurde und nach vorne mit fix installierten MGs der gegnerische Flugapparat anvisiert und durch den Propellerkreis beschossen werden konnte. Damit war der Entwicklung des Jagdflugzeugs Bahn gebrochen.

Produktionshalle der Österreichischen Flugzeugfabrik AG in Wiener Neustadt. Der österreichisch-ungarischen Flugzeugindustrie gelang es nicht, im Rüstungswettlauf mit Frankreich, Großbritannien oder Deutschland mitzuhalten.

Der Kommandant der k.u.k. Luftfahrtruppen bis 1917, Emil Uzelac (3.v.r.), im Kreise von Fliegeroffizieren bei einer Inspektion. Uzelac erlernte noch mit 46 Jahren die Fliegerei und erwarb 1913 das Feldpilotenabzeichen.

Der Kriegseintritt Italiens – Der Dreifronten-Krieg

Die Luftfahrtruppe hatte 1914/15 bereits empfindliche Verluste zu beklagen, als Italien am 23. Mai 1915 Österreich-Ungarn den Krieg erklärte. Auf dem Gebiet der Luftstreitkräfte konnte Italien rund 170 Einsatzflugzeuge und sechs halbstarre Luftschiffe in den Krieg mit Österreich-Ungarn führen. Vor allem verfügte Italien von Anfang an über kampfstarke von Caproni gebaute Bombenflugzeuge, die ab August 1915 Einsätze flogen.

Für Österreich-Ungarns Flieger bedeutete dies, dass nunmehr auch Luftkrieg in Hoch-Gebirgsregionen zu führen war und insbesondere auch die Seeflieger an der Adria zusätzlich gefordert waren. Durch deren Einsätze sowie jene der Kriegsmarine war es gelungen, den Aufmarsch italienischer Truppen und deren Versorgung zu stören. Vor allem die Lohner-Flugboote von der Type L zeigten sich überlegen, sodass Italien nach Erbeutung eines solchen Flugboots diese nachbauen ließ.

Bis Jahresende 1915 konnten die 16 bestehenden Fliegerkompanien neu ausgerüstet, im Juni und Dezember 1915 zwei weitere an die Front geschickt werden. Die technische Abteilung der k.u.k. Luftfahrtruppen in Fischamend wurde im Sommer 1915 in Fliegerarsenal umbenannt, drei weitere Fliegerersatzkompanien (Flek) in Wiener Neustadt, Parndorf und Arad aufgestellt, im Bereich der Schulung wurden umfangreiche Maßnahmen gesetzt. Auch die Flugzeugproduktion konnte weiter angekurbelt werden, wenngleich es nie auch nur annähernd gelingen sollte, die Effizienz und Erzeugungs-Stückzahlen von Deutschland, Frankreich und Großbritannien zu erreichen. Die Bemühungen der Flugzeugindustrie wirkten sich erst 1916 voll aus, als es gelang, weitere 19 Fliegerkompanien (Nr. 19 bis 37) mit modernen Kampf- und Jagdflugzeugen auszurüsten. Diese Fliegerkompanien bestanden nunmehr aus 1 Kommandanten, 10 Offizieren, 7 Unteroffizieren und 157 Mann. 6 bewaffnete Aufklärungs- bzw. Kampfflugzeuge sowie 2 Jäger sollten zur Verfügung stehen, zur weiteren Ausrüstung gehörten 3 Lastkraftwagen mit Anhänger, 3 PKW, 2 Fahrräder sowie 16 vierspännige und 18 zweispännige Materialfuhrwerke. Nach der Niederwerfung Serbiens und Montenegros lagen 1916 je zwölf Fliks in Russland und an der Front gegenüber Italien.

An den Fronten gegenüber Russland, am Balkan und später gegenüber Rumänien wurde meist in großen Räumen operiert. Der Schwerpunkt lag daher bei der Aufklärungstätigkeit, um die Operationen des insbesondere auch am Boden zahlenmäßig überlegenen Gegners Russland besser einschätzen zu können. Während eine Aufklärungskompanie im Westen im Jahr 1916 eine Frontbreite von rund acht Kilometern betreuen musste, waren dies im Osten 32 Kilometer, am Balkan sogar 70 Kilometer.

An der Südwestfront gegenüber Italien nahm 1916 und 1917 parallel zu den Bodenkämpfen in den Isonzo-Schlachten auch der Luftkrieg an Intensität beständig zu. Die italienischen Flieger wurden durch französische und britische Verbände verstärkt, die österreichisch-ungarischen Fliegerkräfte gelangten nach und nach material- und stückzahlbedingt in die Defensive. Mit der Flik 41J wurde im Februar 1917 der erste Jagdfliegerverband gegründet, eine immer größer werdende Spezialisierung fand bei den Fliegerkräften statt, so kam es beispielsweise auch zur Einrichtung von Bombereinheiten (FlikG) mit Flugzeugen aus eigener Produktion und deutschen Gotha-G-IV-Bombern. Die Luftkämpfe wurden zunehmend in immer größeren Verbänden geführt, es kam zu Luftkämpfen, an denen Dutzende Flugzeuge beteiligt waren. 1917 lagen 27 Fliegerkompanien an der Front gegenüber Italien. Zum Jahresende 1917 waren 68 Fliks und ein Großflugzeuggeschwader aufgestellt, die Versorgung übernahmen elf Fliegeretappenparks und vier Fliegerwerkstätten. Dazu kamen 27 Fesselballonabteilungen, die 1917 in Ballonkompanien umbenannt wurden.

Unterstützung erhielten die k.u.k. Luftfahrtruppen durch den deutschen Verbündeten bei der 12. Isonzoschlacht, als der Durchbruch bei Flitsch und Tolmein im Oktober und November 1917 gelang und die Front erst am Piave wieder zu stehen kam. Die Fliegerverbände

Albatros D III 253 (Oeffag) über den schneebedeckten Bergen der Südalpen.

waren bemüht, mit dem Vormarsch Schritt zu halten und diesen intensiv zu unterstützen. Die teilweise in Auflösung befindlichen italienischen Armeen konnten sich – verstärkt durch herbeigeführte britische und französische Divisionen – am Piave wieder stabilisieren. Die Luftfahrtruppe hatte es nun auch mit exzellent ausgestatteten britischen Fliegerkräften zu tun, während die Material- und Versorgungskrise in Österreich-Ungarn vor allem um den Jahreswechsel 1917/18 gerade die österreichischen Luftstreitkräfte in Mitleidenschaft zog. Eine spürbare und starke Unterstützung der Bodentruppen war bei der letzten Offensive der k.u.k. Armee am Piave im Juni 1918 dann nur mehr äußerst beschränkt möglich, wenig verwunderlich bei einer anzunehmenden zahlenmäßigen Unterlegenheit von 1:10.

Die k.u.k. Seeflieger

Den k.u.k. Seefliegern oblag der Küsten- und Hafenschutz und eine Reihe weiterer Tätigkeiten wie Erkundung und Aufklärung, Angriffe gegen feindliche Seestreitkräfte, Luftschiffe, Flugzeuge, militärische Objekte und die Aufklärung von Minenfeldern. Während bis zum Kriegseintritt Italiens der Schwerpunkt der Tätigkeit der Seeflieger bei der Unterstützung der Bodentruppen gegenüber Serbien und Montenegro lag, fokussierte sich die Tätigkeit von 1915 bis 1918 auf den Kampf mit den italienischen Flieger- und Marinekräften in der Adria. Geführt wurden die Seeflieger durch den Leiter des Seeflugwesens, einen meist noch jüngeren Offizier im Rang eines Linienschiffsleutnants bzw. später Linienschiffskapitäns. Die Stützpunkte der Seeflieger, mit den fünf Seeflugstationen Pola, Triest, Parenzo, Sebenico, Bocche di Cattaro, erstreckten sich über die gesamte Adriaküste der Monarchie.

Ab Oktober 1915 wurden durch die Seeflieger in Geschwadergröße von bis zu acht Flugzeugen Ziele in Italien angegriffen, in den Abwehrkämpfen 1915 gelang es unter anderem, zwei italienische Luftschiffe abzuschießen. Das fliegende Material bestand hauptsächlich aus Aufklärungsflugbooten, Abwehrflugbooten und Jagdflugzeugen sowie Schulflugbooten und bombentragenden Großflugbooten, später kamen versuchsweise Torpedo- und Postflugzeuge hinzu. Neben der Abwehr von jährlich stärker

Phönix-D-I-Jagdflugzeuge wurden ab 1917 zum Schutz von Pola und Triest eingesetzt. Sie trugen die Seeflieger-Kennung mit rot-weiß-rotem Seitensteuer mit Marinewappen.

Ein deutsches Schwimmflugzeug Type Friedrichhafen 1688 als Postflugzeug für deutsche U-Boot-Besatzungen in Pola und Cattaro. Im Hintergrund österreichisch-ungarische Schlachtschiffe der Tegetthoff-Klasse.

Oeffag-Mickl-G-Flugboot beim Zu-Wasser-Lassen.

Abwehrflugboot A.89 Hansa Brandenburg W.18 in der Seeflugstation Kumbor, März 1918.

werdenden Bombenangriffen auf Triest und den Kriegshafen Pola sowie die Bucht von Cattaro konnten auch spektakuläre Erfolge in der Bekämpfung von Seestreitkräften erzielt werden. So gelang im September 1916 mit der Versenkung des französischen U-Boots „Foucalt" durch das Flugboot L 135 der erste erfolgreiche Angriff eines Flugzeugs auf ein U-Boot in der Geschichte. Von Dezember 1916 bis Mitte 1917 wurden die Angriffe auf die Produktionsanlagen in Venedig auf höchsten Befehl Kaiser Karls I. eingestellt, da auf die kulturelle Bedeutung der Stadt Bedacht genommen werden sollte.

Das Kriegsjahr 1917 war jenes mit den meisten Einsätzen der Seeflieger, vor allem der Motorenmangel machte sich jedoch verstärkt bemerkbar. Um den neuen italienischen Bombenflugzeugen Caproni Ca 3 etwas entgegensetzen zu können, wurden im August und Oktober 1917 insgesamt 20 Phönix-D-I-Jagdflugzeuge bestellt, die auf dem Flugfeld Altura bei Pola und bei Triest stationiert wurden. Aufsehenerregende Erfolge im Jahr 1917 waren die Volltreffer auf die italienischen Ballonhallen in Jesi und Ferrara. Im letzten Kriegsjahr 1918 wurden vermehrt Tieffliegerangriffe durch Seeflieger zur Unterstützung der Landtruppen insbesondere von Triest aus geflogen, die Intensität der Angriffe auf eigene Städte und Häfen nahm weiter zu. Die Luftherrschaft war 1917 an die Alliierten übergegangen und konnte trotz aller Bemühung nicht mehr wiedererlangt werden. Im Flugdienst verloren 101 Seeflieger ihr Leben.

Start eines österreichisch-ungarischen Wasserflugzeugs.

Die 1917 eröffnete Kaiser-Karl-Fliegerkaserne in Wiener Neustadt. Aufnahme aus den 1930er-Jahren.

Die „Ritter der Lüfte"

Die Entwicklung der Luftkämpfe und der fliegenden Jagdwaffe führte zu einem neuen Soldatentypus, der sich vorzüglich für die Kriegspropaganda und damit für die Aufrechterhaltung einer positiven Stimmung in der jeweiligen Heimat eignete. Angesichts des Massensterbens im industrialisierten Krieg am Boden, in den Schützengräben oder beim „Stürmen" schaffte die Auseinandersetzung in der Luft noch die Anmutung individueller Kämpfe und ließ zumindest teilweise noch ritterliche Gesten zu. Die „Fliegerhelden" wurden zu Massenidolen stilisiert, im Deutschen Reich beispielsweise die Jagdflieger Oswald Boelcke, der „Adler von Lille" Max Immelmann und vor allem der „Rote Baron" Manfred von Richthofen, dessen publizierte Tagebücher ein Bestseller wurden. In Frankreich waren es „Fliegerhelden" wie Georges Guynemer oder René Fonck, in Großbritannien Edward Mannock oder der Kanadier William A. Bishop, für die Amerikaner Eddie Rickenbacker, für die Italiener Francesco Baracca, die diese Rolle spielten. Der individuelle Mut dieser „Fliegerasse", ihr Draufgängertum und fliegerisches Können faszinierten Millionen, ihre Individualität fand auch Ausdruck in den persönlichen Abzeichen bzw. Kennungen, angebracht an von ihnen geflogenen Flugzeugen.

Auch Österreich-Ungarn brachte eine Reihe außergewöhnlicher und erfolgreicher Flieger hervor. Der aus Galizien stammende Jagdflieger Hauptmann Godwin Brumowski verbuchte 35 bestätigte und acht unbestätigte Luftsiege und war damit das heimische „Ass der Asse", gefolgt von Offiziersstellvertreter Julius Arigi (32 Luftsiege), Oberleutnant Benno Fiala-Fernbrugg (28 bestätigte/fünf unbestätigte Luftsiege) sowie Oberleutnant Frank Linke-Crawford (27 bestätigte/ein unbestätigter Luftsieg). An fünfter Stelle des Rankings lag der Ungar Josef Kiss mit 19 Luftsiegen, der postum (!) als einziger Unteroffizier der k.u.k. Streitkräfte zum Offizier befördert wurde. Gerade bei der jungen und naturgemäß hochtechnisierten Luftfahrtruppe, wo es vor allem um fliegerisches Können, persönlichen Mut und technisches Verständnis ging, zeigte sich der in der k.u.k. Armee hochgehaltene Anachronismus des Unterschieds zwischen Offizier und Unteroffizier besonders deutlich. Diese Barriere konnte –

Österreich-Ungarns „Ass der Asse" Godwin Brumowski erzielte 35 bestätigte und acht unbestätigte Luftsiege.

Der erfolgreichste Seeflieger und Militär-Maria-Theresien-Ritter Gottfried von Banfield.

Frank Linke-Crawford, der „Falke von Feltre", als Kommandant der Flik 60J, im Hintergrund Phönix-D-I- und Aviatik-D-I-Jagdflugzeuge.

im Gegensatz zu anderen Armeen – selbst bei größter Leistung nicht übersprungen werden. Ein Umstand, der, wie der Sohn des Fliegerasses Heinrich Kostrba (acht bestätigte Luftsiege) Oswald Kostrba-Skalicky anmerkte, einer bereits verklingenden Zeit entsprach und mehr an das russische oder osmanische als an ein westeuropäisches Heer gemahnte.

Mit dem Zählen der Luftsiege einzelner Piloten und Beobachter wurde erst nach und nach begonnen, und man orientierte sich mit der Zeit am deutschen Vorbild. Voraussetzung für die Anrechnung eines Luftsiegs war jedenfalls eine externe Bestätigung. Was beispielsweise beim einzigen Militär-Maria-Theresien-Ritter aus dem Kreis der Flieger, Linienschiffsleutnant Gottfried von Banfield, dazu führte, dass der oftmals alleine oder über feindlichem Gebiet fliegende Marinepilot über eine besonders hohe Anzahl „unbestätigter" Luftsiege, nämlich elf, verfügte.

Das Österreichische Bundesheer der Zweiten Republik besann sich seiner fliegerischen Vorfahren in der Traditionsarbeit: 1967 wurde der Fliegerhorst Langenlebarn nach Godwin Brumowski benannt, der Fliegerhorst Aigen im Ennstal trägt seit demselben Jahr den Namen Fiala-Fernbrugg.

Organisation – Kommandostruktur

Die Führung der österreichisch-ungarischen Luftstreitkräfte lag während des Ersten Weltkriegs in mehreren Händen. Die wohl prägendste Persönlichkeit für den Aufbau und die Führung der k.u.k. Luftstreitkräfte war Generalmajor Emil (Milan) Uzelac. Der von der Militärgrenze stammende serbische Offizier erlernte noch im Alter von 46 Jahren die Fliegerei und erwarb 1913 das Feldpilotenabzeichen. Im selben Jahr wurde er Kommandant der k.u.k. Luftschifferabteilung und mit deren Umbenennung am 9. Juli 1915 Kommandant der k.u.k. Luftfahrtruppen. Seinen persönlichen Bemühungen und seiner Dynamik sind die positiven Entwicklungen im österreichischen militärischen Luftfahrwesen hauptsächlich zu verdanken, ein einheitliches Kommando bzw. eine Gesamtverantwortung erreichte er nicht. Uzelacs Verantwortung blieb auf Etappe, Produktion, Ausrüstung, Bewaffnung und Personal beschränkt.

Am 8. Juli 1917 wurde Uzelac zudem mit Erzherzog Joseph Friedrich ein Generalinspektor der k.u.k. Luftstreitkräfte vorgesetzt und die Stabsoffiziere der Luftfahrtruppen bei den Armeekommanden im November des Jahres zu Kommandanten der Luftstreitkräfte umbenannt. Beim Kommandanten der Luftfahrtruppe blieben nur mehr Fliegerersatztruppe, Luftschifferersatztruppe, Fliegerarsenal, Luftabwehrdienst im Hinterland und Feldwetterdienst. Die letzte Strukturänderung erfolgte mit 1. Oktober 1918: Das Kommando der k.u.k. Luftfahrtruppen wurde aufgelöst, ebenso das Generalinspektorat der k.u.k. Luftstreitkräfte. Stattdessen wurde die Abteilung „Chef des Luftfahrwesens" im Armeeoberkommando gegründet, die für die gesamte Leitung der k.u.k. Luftfahrtruppen verantwortlich sein sollte. Ihr Leiter wurde Generalmajor Otto Freiherr Ellison von Nidlef (1868–1947), Uzelac wurde stellvertretender Chef des Luftfahrwesens.

Der „Kampfeinsitzer" Hansa Brandenburg D I. 65.79 KD.

Linke-Crawfords Aviatik D I 115.32 auf dem Flugfeld von Feltre im Juli 1918. Er erzielte sieben Luftsiege in der von Lohner gebauten Maschine und starb in dieser – auch bedingt durch die fehlende Stabilität der Tragflächen – im Luftkampf am 31. Juli 1918.

Die bei der Österreichischen Flugzeugfabrik AG (Oeffag) gebauten, verbesserten Aviatik D III erwiesen sich den gegnerischen Jagdflugzeugen als ebenbürtig.

Die Zweisitzer Hansa Brandenburg C I waren das Arbeitspferd der k.u.k. Luftstreitkräfte und die am meisten in Verwendung stehenden Flugzeuge derselben. Hier die Hansa Brandenburg C I, Flugzeugnummer 64.06.

Hansa Brandenburg C I/64.31 beim Start.

Krise und Zusammenbruch 1917/18

Trotz aller Bemühungen gelang es Österreich-Ungarn nicht, im Rüstungswettlauf mitzuhalten und eine starke, effiziente Luftfahrtindustrie aufzubauen. Je nach Statistik wurden in der Donaumonarchie rund 5400 Flugzeuge und 4900 Flugmotoren erzeugt. Weitere rund 400 Flugzeuge wurden in Deutschland angeschafft, an die Flugzeugfabrik Antara im eroberten Odessa erging 1918 ein Auftrag über 140 Flugzeuge. Die Produktivität der Industrie war bedeutend niedriger als jene in Deutschland (rd. 48.000 Flugzeuge), Frankreich (rd. 52.000 Flugzeuge) oder Großbritannien (rd. 55.000 Flugzeuge).

Dazu kam der Mangel an wichtigen Materialien für den Flugzeugbau. Dieser reichte von Metallen wie Nickel, Kupfer und Zinn bis zu Bespannungsstoffen und vor allem Gummi. Ab 1917 wurden die produzierten Flugzeuge nur mehr unbereift ausgeliefert, die Reifen erhielten diese erst im Fliegerarsenal. Darüber hinaus brachten die Kohlenkrisen in den Wintern 1916/17 sowie 1917/18 die Produktion auch in den Flugzeugwerken teilweise zum Erliegen, die Lebensmittelversorgung auch für die Facharbeiter wurde immer unzureichender. Resultate waren Materialfehler, das Versagen von Waffen und Gerät, insgesamt mindere Qualität bei den an die Front gelangten Maschinen. Flugzeugunfälle waren an der Tagesordnung. All das bei zahlenmäßig eklatanter Unterlegenheit, die spätestens ab der zweiten Hälfte des Jahres 1917 deutlich spürbar wurde. Die fliegenden Verbände an der Front hatten 1918 durchschnittlich nur 60 Prozent des Soll-Stands.

Bei den wichtigsten im Einsatz befindlichen Flugzeugtypen erwiesen sich im Falle der Jagdflugzeuge die bei der Österreichischen Flugzeugfabrik AG (Oeffag) produzierten verbesserten Albatros D III gegenüber den alliierten Jägern als konkurrenzfähig, die Aviatik D I zeigten sich schnell und agil, aber zugleich gefährlich instabil, die Phönix-Jagdflugzeuge der Serien D I und D II als robust, aber wiederum zu wenig agil. Das erste bei der Luftfahrtruppe eingeführte Jagdflugzeug, der „Kampfeinsitzer" Hansa Brandenburg D I, hatte bei vielen Piloten den Ruf, besonders schwer zu fliegen zu sein.

Im Bereich der zweisitzigen Mehrzweckflugzeuge wurde die gutmütig zu fliegende stabile Hansa Brandenburg C I in größter Stückzahl gebaut, die Typen Phönix C I und Ufag C I mussten den Vergleich mit alliiertem Fluggerät nicht scheuen. Andere Flugzeugtypen wiederum entsprachen den Anforderungen der Front nicht oder nur teilweise.

Diese Umstände machten den freiwilligen Dienst bei den k.u.k. Luftstreitkräften zu einer Herausforderung, die hohes fliegerisches Können, besonderen Mut und Loyalität verlangten. Von den Auflösungserscheinungen der k.u.k. bewaffneten Macht waren die Flieger nur in geringem Ausmaß betroffen. Von zwei Desertionen von Marinefliegern nach Italien und einzelnen wenigen Vorfällen an der Landfront abgesehen, wurde bis zuletzt Dienst versehen. Am Ende dienten rund 40.000 Mann bei den fliegenden Verbänden der Monarchie, rund 950 Personen aus den Reihen des fliegenden Personals waren gefallen, die k.u.k. Luftfahrtruppe dürfte 800 bis 900 Luftsiege errungen haben.

In den chaotischen Tagen des Waffenstillstands Anfang November 1918 gelang es, in gewissem Ausmaß Fluggerät und Ausrüstungsgegenstände nach Rest-Österreich zu überführen. So wurden beispielsweise binnen weniger Tage 73 Flugzeuge nach Klagenfurt gebracht, ebenso bildete Innsbruck einen Bezugspunkt für fliegerisches Gerät. Die Flugzeuge in Kärnten sollten bei den Kärntner Abwehrkämpfen zum Einsatz kommen, der Friedensvertrag von Saint Germain setzte dann einen Schlusspunkt unter die militärische fliegerische Betätigung in Österreich und zog die Vernichtung von Fluggerät und von Produktionsstätten nach sich.

INTEGRAL-PROPELLER

ist der beste und zuverlässigste Propeller für **Überlandflüge** und hält die letzten **Weltrekorde**.

Spezial - Propeller
für Wasser-Flugzeuge, Luftschiffe, Motorboote, Motorschlitten usw.

**Oesterreich.-ungar.
Integral-Propeller-Werke**
Gesellschaft m. b. H.
WIEN XVI., Thaliastraße 102.
Telephon 17681.   Telegr.-Adresse: Integrale Wien.

Österr.   ungar.

Flugzeugfabrik „AVIATIK"

Gesellschaft m. b. H.

General-Direktion:
WIEN XIX., Muthgasse 36-38.
Telephon 95084.

Werk Heiligenstadt: Werk Eßlingen:
Telephon 95065.   Telephon 98216.

Telegramme: Aviatik, Wien.

Aero-Motore

100 HP
150 HP
300 HP

**ÖSTERREICHISCHE
DAIMLER MOTOREN
A.-G.**

Fabrik: **WIENER - NEUSTADT**
Kommerzielle Direktion:
WIEN I., Kärntnerring Nr. 17

**„VOLSAN",
der Flugzeuglack.**

Alleinige Erzeuger:
Alessa-Gesellschaft m. b. H.
Wien III/4.   Telephon 1340.

Kunstgewerbe-Haus
zum Defregger
Hofs. Werner, Leder- u. Schmuck-Kunst
Wien I., Kärntnerstr. 55

Sinniges Geschenk u. Erinnerung an die große Zeit!

JUGENDBILDNIS
Sr. Majestät unseres Kaisers
nach dem berühmten Gemälde von Amerling
vornehm gerahmt.
K 36.—.

K. k. Österr. Militär-Witwen- und Waisenfonds
Zentralkanzlei: WIEN III., Auenbruggergasse 2.

UFAG

UNGARISCHE FLUGZEUG-WERKE

**AKTIENGESELLSCHAFT
BUDAPEST • ALBERTFALVA**

LIEFERANTIN DER ÖSTERREICHISCH-UNGARISCHEN HEERESVERWALTUNG UND DER KAISERLICHEN UND KÖNIGLICHEN KRIEGS-MARINE

UFAG

Zentrale **Budapest**   Fabrik **Aszód**

Ungarische Lloyd
**Flugzeug- und
Motorenfabrik
A.-G.**

**Kriegs-,
Post- u. Verkehrs-
Flugzeuge**

Höhen-Weltrekord mit 1 Passagier 6170 Meter.

Höhen-Weltrekord mit 2 Passagieren 5448 Met.

Inserate führender Flugzeug- und Flugmotorenproduzenten der Monarchie.

Jacob Lohner & Co.

k. u. k. Hofwagenfabrik

Wiener Aeroplan- und Karosserie-Werke

WIEN
IX/1, Porzellangasse Nr. 2

Wiener Karosserie und Flugzeug-Fabrik

D.R. W. v. GUTMANN

WIEN X.
Laxenburgerstraße 131–135

Telephon: 55293 und 50273

Flugzeugbau
Propeller
Wagenbau
Karosserien
Motorboote

Hüpeden & Cie.
Gesellschaft m. b. H.

WIEN I. Bartensteingasse 2
Schmerlingplatz 4

Spezial-Haus für Kraftwagen- und Flugzeug-Zubehör

Telephon Nr. 21103   Telegr.-Adr.: Hüpeden, Wien

Autopneu
Reithoffer

Josef Reithoffer's Söhne
Gummi- und Kabel-Werke
Wien: Zentrale: VI. Dreihufeisengasse 9-11

Österreichische Flugzeugfabrik
Actien-Gesellschaft
Wiener-Neustadt.

Vertretung in Wien
I. Kärntnerring
17.

ÖSTERREICHISCHE INDUSTRIEWERKE

WARCHALOWSKI, EISSLER & C.o

WIEN XVI.

85/95 PS,   4 Zylinder,   145 kg Gewicht
140/150 „   6   „   210   „   „
150/200 „   6   „   295   „   „
200/220 „   8   „   265   „   „
300/400 „   12 „   350   „   „

Lieferanten der k. u. k. Heeresverwaltung und der k. u. k. Kriegs-Marine.

Carl Zeiss
oesterr. Ges. m. b. H.
Wien III. Paulusgasse 13

Zielfernrohre für Bombenabwurf
Beobachtungs-Fernrohre
Flugzeug-Kameras
Ballon-Kameras
Scheinwerfer
etc. etc.

Telephon 7296.
Telegramm-Adresse:
ZEISS, PAULUSGASSE WIEN.

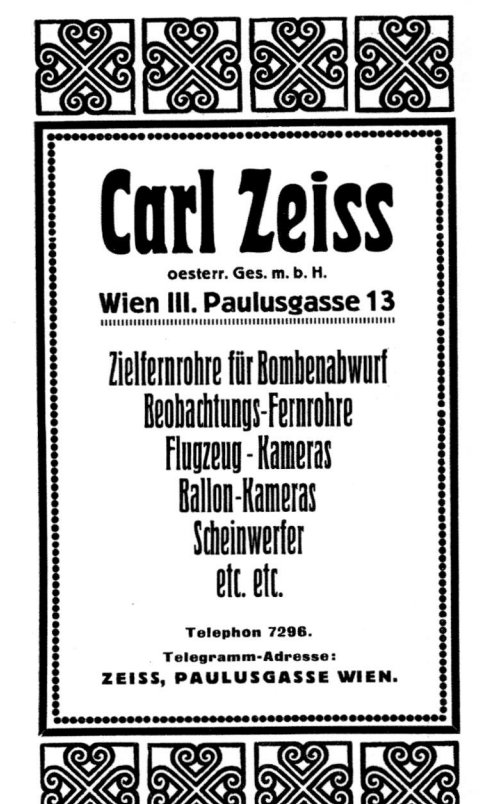

Nachleben – Persönlichkeiten

Aus den Reihen der ehemaligen Feldpiloten der k.u.k. Luftfahrtruppe, die die Kriegsjahre überlebten, machten einige in den Nachfolgestaaten der Monarchie und darüber hinaus fliegerische Karriere oder erregten mit ihren Leistungen Aufsehen.
Die Republik Österreich bot dabei naturgemäß nur wenigen die Möglichkeit, ihrer Profession als Piloten oder Flugzeugtechniker nachzugehen. Godwin Brumowski leitete mit Hans Löw die Fliegerschule Aspern und stürzte mit einem Flugschüler 1936 am Amsterdamer Flughafen Schiphol tödlich ab. Julius Arigi ging in die Tschechoslowakei und organisierte zwischen 1919 und 1934 den Weltbäder-Luftverkehr in Marienbad. Als Hauptmann bildete er im Zweiten Weltkrieg Jagdflieger aus. Benno Fiala-Fernbrugg studierte nach dem Krieg an der Technischen Universität Wien und war unter anderem bei den Junkers-Werken und in den Wiener Neustädter Flugzeugwerken tätig.
Der Kommandant der k.u.k. Luftfahrtruppen, Emil (Milan) Uzelac, diente nach dem Krieg im jugoslawischen Heer. 1923 pensioniert, wurde er in späterer Folge kroatischer Fliegergeneral. Das aus Sarajewo stammende Fliegerass Friedrich Navratil diente ebenfalls in den jugoslawischen Luftstreitkräften und wurde in der Folge ebenso Fliegergeneral. Im Zweiten Weltkrieg kurzzeitig Verteidigungsminister des unabhängigen Staates Kroatien, wurde er 1947 hingerichtet. István Petroczy, einer der ersten Feldpiloten der Monarchie, befehligte später die ungarische Luftwaffe, ebenso Waldemar Kenese. Feldpilot und Fliegerass Heinrich Kostrba baute die tschechoslowakischen Luftstreitkräfte auf und war ihr erster Kommandant, der ehemalige Kommandant der Flik 3, Rudolf Holeka, wurde in derselben Fliegergeneral.
Die persönliche Kennung von Feldpilot Stefan Stec, das rot-weiße Schachbrett, wurde nach 1918 offizielle Kennung der polnischen Luftstreitkräfte und blieb dies bis heute. Feldpilot Philip Vacano überflog als erster Pilot den bolivianischen Gran Chaco und diente später in der schweizerischen Luftwaffe als Oberst.
Der erfolgreichste Seeflieger, Gottfried von Banfield, arbeitete nach dem Ersten Weltkrieg als Schiffsbergungsunternehmer in Triest. Er verstarb als letzter lebender Militär-Maria-Theresien-Ritter im Jahr 1986.

Rund 950 Personen aus den Reihen des fliegenden Personals der k.u.k. Luftstreitkräfte verloren im Ersten Weltkrieg ihr Leben.

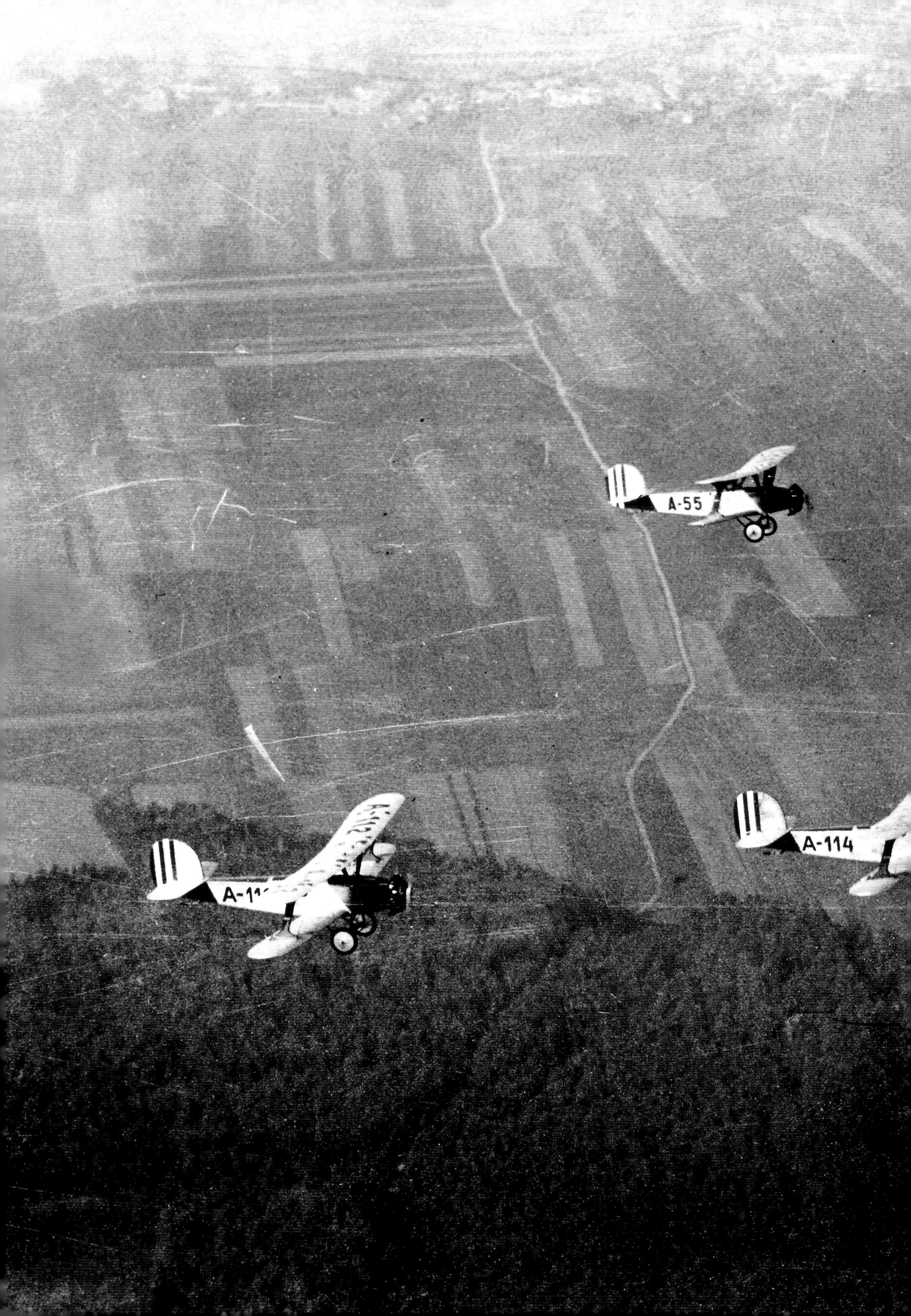
A-55
A-114

Hubert Prigl

Die Luftstreitkräfte der Ersten Republik (1918–1938)

Die Zeit von November 1918 bis 1928

Die Aufstellung und der Einsatz der Volkswehrfliegertruppe

Im Rahmen der neuen Volkswehr, die am 15. November 1918 aus Freiwilligen der ehemaligen k.u.k. Armee aufgestellt wurde, entstand auch eine aus etwa 200 Flugzeugen bestehende Fliegertruppe. Der Erlass des Staatsamts für Heerwesen vom 6. Dezember 1918 gilt als die offizielle Geburtsstunde der deutsch-österreichischen Fliegertruppe. Erster Kommandant der Fliegertruppe wurde der ehemalige Stabsoffizier Hauptmann Anton Sieber, der als „Stabsoffizier Luft" bei der I. Isonzo-Armee im Einsatz gewesen war. Die Angehörigen der Fliegertruppe trugen am linken Ärmel ihrer Uniform ein großes Abzeichen, das entweder den Bindenschild mit darauf gesticktem gelbseidenen Ballon oder zwei gekreuzte rot-weiß-rote Fahnen mit aufgestickten Ballonen zeigte. Die organisatorische Gliederung der Volkswehrfliegertruppe wurde am 2. Jänner 1919 mittels Befehl Nr. 6 durchgeführt. Das Kommando der Volkswehrfliegertruppe war im Objekt IX des Wiener Arsenals untergebracht. Die Volkswehrluftschifferabteilung befand sich in Fischamend.

Die fliegenden Verbände waren auf folgende sechs Fliegerhorste und zwei Fliegergruppen aufgeteilt:

in Wiener Neustadt:
- 1. Fliegerhorst unter der Führung von Hauptmann Anton Schlett
- 2. Fliegerhorst unter der Führung von Hauptmann Emil Kruk

in Graz-Thalerhof:
- 3. Fliegerhorst unter der Führung von Hauptmann Erich Kahlen
- 4. Fliegerhorst unter der Führung von Hauptmann Josef Kastranek

in Wien-Aspern:
- 5. Fliegerhorst unter der Führung von Hauptmann Karl von Bomfield
- 6. Fliegerhorst unter der Führung von Hauptmann Karl Nikitsch

in Klagenfurt-Annabichl:
- Fliegergruppe 2a unter der Führung von Hauptmann Julius Yllam

in Salzburg-Maxglan:
- Fliegergruppe 2b

Unter dem Begriff Fliegerhorst verstand man eine verwaltungsmäßige und taktische Gruppe, die Bataillonsstärke hatte und in ein Kommando und zwei Fliegergruppen gegliedert war.
Ab 1. November 1918 begann Hauptmann Julius Yllam Beobachtungseinsätze im Grenzgebiet von Kärnten und Krain durchzuführen. Am 14. Dezember 1918 betrug die Stärke der Fliegergruppe 2a neun Offiziere, 33 Mann und 14 Flugzeuge. Am 3. Jänner 1919 wurden Aufklärungsflüge und Bombenangriffe gegen einen südslawischen Vorstoß im Raum Hollenburg geflogen. Am 23. April 1919 musste die Fliegergruppe 2a ihren ersten Totalverlust hinnehmen. Die Besatzung, Oberleutnant Hauger und Feldpilot Feldwebel Lunkmos, starb beim Absturz eines Flugzeugs vom Typ Brandenburg. Am 29. April 1919 unterstützte die Einheit einen österreichischen Angriff im Raum Grafenstein/Klein Venedig. Am 6. Mai 1919 erhielt die Fliegergruppe 2a fünf Jagdflugzeuge als Verstärkung. Personelle Verstärkung erhielt die Volkswehrfliegergruppe 2a durch das Eintreffen von erfahrenen Feldpiloten. Ende Mai 1919 gelang es Stabsfeldwebel Josef Svecz, über Klagenfurt ein südslawisches Flugzeug abzuschießen. Am 4. Juni 1919 musste der Flugplatz Klagenfurt-Annabichl wegen Feindbedrohung aufgegeben werden, die Volkswehrfliegergruppe 2a wurde auf das Flugfeld Seebach bei Villach verlegt.

Das „Aus" für die Militärluftfahrt in Österreich

Die österreichische Regierung wurde am 12. Mai 1919 von den Siegermächten aufgefordert, eine Delegation nach Saint Germain-en-Laye zu entsenden. Der Entwurf für den

„Kraxe Fischamend 1920", so lautet der Originaltext zu dieser Aufnahme einer Hansa Brandenburg B1 der Polizeifliegerstaffel Fischamend. Als Kennzeichen hatten diese Flugzeuge ein rot-weiß-rotes Leitwerk. Die Versuche, auf diese Art und Weise eine militärische Fliegerei nach dem Krieg in der Ersten Republik zu erhalten, fanden in der Demontage des Flugmaterials aufgrund des Vertrags von Saint Germain ein jähes Ende.

Friedensvertrag von Saint Germain wurde der österreichischen Delegation am 2. Juni 1919 übergeben. Die Bestimmungen des Vertrags traten mit Wirkung vom 16. Juli 1920 in Kraft. Durch die Artikel 145, 147, 148 und 149 verboten die Siegermächte Österreich jegliche Militärluftfahrt. Die vorläufige Gültigkeitsfrist von sechs Monaten ab Inkrafttreten der Vertragsbestimmungen wurde im Oktober 1920 bis zum 14. September 1922 verlängert.

In der Abteilung XI des Staatsamts für Heerwesen versuchten Oberstleutnant Waltl und Hauptmann im Generalstab Alexander Löhr im Sommer 1919, die Volkswehrfliegerkräfte zu reduzieren und in eine Polizeifliegertruppe umzuwandeln. Kommandant der Polizeifliegertruppe wurde Hauptmann Nikitsch. Ende Juli 1919 wurde in Wien-Aspern und in Wiener Neustadt begonnen, eine Flughafenpolizeistelle einzurichten. Bereits Ende August 1919 kamen weitere Polizeistaffeln in Fischamend, Wiener Neustadt, Linz und Graz-Thalerhof hinzu. In Fischamend wurde ein Depot für Flugzeuge und Flugzeugersatzteile mit den dazu notwendigen Werkstätten eingerichtet. Am 31. August 1919 wurden die Fliegergruppe 1 mit Standort Wiener Neustadt, die beiden Fliegergruppen 5 und 6 mit Standort Wien-Aspern und die Fliegergruppe 2a, die in Klagenfurt-Annabichl stationiert war, aufgelöst. Vom Flugfeld Aspern wurden das vorhandene Personal und die Flugzeuge nach Wiener Neustadt verlegt. Durch die Zusammenlegung der Fliegergruppen 3 und 4 zur Fliegerabteilung Thalerhof unter dem Kommando von Hauptmann Kahlen war die Reduzierung der Fliegertruppe abgeschlossen. Österreich wurde am 10. Februar 1920 von der Gesandtenkonferenz der weitere Bestand einer Polizeifliegertruppe untersagt. Auch der Name „Flugpolizei" wurde verboten. Die Bezeichnung der Einheiten musste in österreichische Flughafen- und Grenzwache geändert werden.

Nach dem Inkrafttreten des Friedensvertrags nahm der Luftfahrtüberwachungsausschuss, unter der Leitung des französischen Obersten Barres, seine Tätigkeit auf. Aufgabe dieser Kommission war die Überwachung der Einhaltung jener Friedensbedingungen, deren Inhalt die Auflösung der österreichischen Militärluftfahrt war. Die Kommission setzte sich aus Offizieren und Mannschaften aus Frankreich, Italien, England und Japan zusammen. Am 2. Juli 1920 verfügte die Botschafterkonferenz in Paris, alle luftfahrtrelevanten Bauten auf dem Flugplatz Wiener Neustadt zu zerstören. Ab 14. Februar 1921 begann die Kontrollkommission mit der Zerstörung aller im Depot von Fischamend gelagerten Flugzeuge, Flugzeugmotoren und Ersatzteile der Polizeifliegerstaffel. Nach Beendigung dieser Arbeit war die Demontage der österreichischen Militärfliegerei abgeschlossen.

Verbandflug von drei Schulmaschinen Hopfner HS8/29. Vom 20. bis zum 26. Juli 1931 flog eine Dreier-Kette die Strecke Graz–Salzburg–Wien–Graz im geschlossenen Verband und demonstrierte damit die Qualität der Pilotenausbildung an der Fliegerschule Thalerhof.

Ehemalige k.u.k. Flugzeugführer versuchen eine Zivilluftfahrt in Österreich aufzubauen

Gleichzeitig mit dem Versuch, eine Militärluftfahrt in Österreich aufzubauen, wurde begonnen, auch auf dem Zivilflugsektor Aufbauarbeit zu leisten. Mit Wirksamkeit vom 1. Mai 1919 wurde nach längeren Verzögerungen am 14. Mai 1919 vom Staatsamt für Verkehrswesen, innerhalb der Sektion I, ein Büro für Luftfahrtangelegenheiten eingerichtet. Die Versuche, zivile Luftfahrtunternehmen aufzubauen, gingen von ehemaligen k.u.k. Feldpiloten aus, die sich ihre Erfahrung und die große Anzahl an vorhandenen Flugzeugen aus dem Krieg zu Nutze machten. Einer dieser Männer war der ehemalige Feldpilot Franz Zuzmann, der nun versuchte, ein eigenes Zivilflugunternehmen aufzubauen. Er kaufte zehn ehemalige Kriegsflugzeuge. Die Hauptaufgabe dieses Unternehmens war die Abhaltung von Schauflügen im In- und Ausland. Zuzmann und seine Fliegerkollegen veranstalteten Flugtage in der Wiener Freudenau, in Klagenfurt, in Graz, in Villach, in Bruck und im tschechoslowakischen Troppau. Im Rahmen dieser Flugvorführungen wurde den Zuschauern auch ein Fallschirmabsprung gezeigt. Am 3. Oktober 1920 kam es beim Flugtag in Graz zu einem schweren Unfall. Der ehemalige k.u.k. Feldpilot Franz Keizar stürzte mit dem Flugzeug Oeffag Albatros D III mit dem Kennzeichen A-63 ab und zog sich so schwere Verletzungen zu, dass er am 8. Oktober starb. Neben dem Feldpiloten Franz Zuzmann erhielt auch die Luft- und Motorbootsverkehrs GesmbH am 12. Juni 1920 die Bewilligung, mit vier Flugzeugen Schauflüge auf dem „kleinen Linzer Exerzierfeld" zu veranstalten. Das Unternehmen hatte je zwei Flugzeuge vom Typ Brandenburg C I und Oeffag Albatros D III. Diese Schauflüge wurden von den ehemaligen k.u.k. Feldpiloten Hans Wannek und Josef Svecz im Zeitraum von Mitte Juni bis Mitte Oktober 1920 durchgeführt. Ab 14. Februar 1921 herrschte in Österreich nur mehr eine sehr stark eingeschränkte Zivilluftfahrt. In der Steiermark gelang es unter Mithilfe des Grazer Flugplatzleiters Oskar Schmoczer, die alliierte Liquidierungskommission zu täuschen, 20 zur Zerstörung bestimmte Flugzeuge vom Typ Brandenburg C I abzutransportieren und bei Bauern in der Umgebung zu verstecken. Diese Flugzeuge wurden später ein Teil der Steirischen Heimwehrfliegergruppe, deren Leiter Feldpilot Oskar Schmoczer wurde.

Der geheime Aufbau der Fliegertruppe von 1928 bis 1935

Die ÖLAG-„Sportfliegerschule" Wien-Aspern

Im November 1926 konnte bei der Botschafterkonferenz in Paris erreicht werden, dass Österreich in den darauffolgenden zwei Jahren zwölf Offiziere des Bundesheeres außerhalb ihrer Dienstzeit zu Piloten ausbilden durfte. Das generelle Verbot, Heeresangehörige im Dienst zu Piloten auszubilden und eine Fliegertruppe aufzubauen, wurde jedoch erneuert. Die Entwicklung wurde vom Referenten für Luftwesen und Luftschutz in der Grenzschutztruppe der Abteilung 1 des Bundesministeriums für Heerwesen Oberst Alexander Löhr genau verfolgt. Seine beiden engsten Mitarbeiter, die ehemaligen Feldpiloten Hauptmann Egon Hervay und Hauptmann Erich Zdiarsky, hatten unter strengster Geheimhaltung 1924 bei der Schweizer Luftwaffe ihre Flugkenntnisse aus dem Weltkrieg aufgefrischt. Oberst Löhr hatte den Plan, dass die zivile Österreichische Luftverkehrs AG (ÖLAG) für die Ausbildung von künftigen Heerespiloten und Wartungspersonal sorgen sollte. Als Standort der geheimen Pilotenschule wurde der Flugplatz Wien-Aspern ausgesucht. Am 19. Dezember 1927 wurde ein Flugzeug vom Typ Udet 12a Flamingo von den Bayrischen Flugzeugwerken Augsburg gekauft und vom Heeresministerium bezahlt. Am 1. Jänner 1928 wurde das Flugzeug als Schulflugzeug der ÖLAG mit dem Kennzeichen A-43 von den österreichischen Behörden zugelassen und am 3. März 1928 erstmals vorgeführt. Major Julius Yllam und Hauptmann Erich Zdiarsky, die beide den Flugzeugführerschein des Bundesministeriums für Handel und Verkehr erworben hatten, wurden die ersten Fluglehrer des Bundesheeres. Anfang Juli 1928 kamen Leutnant Johann Schalk und Leutnant Dr. Hermann Mahnert zur Pilotenschulung. Die Öffentlichkeit wurde durch einen schweren Unfall am 6. Juli 1928 auf die geheime Tätigkeit des Bundesheeres aufmerksam. An diesem Tag führte Major Yllam, gemeinsam mit Feuerwerker Passinger, neun Starts mit einer Gesamtflugzeit von 28 Minuten durch.

Überschlag des Schulflugzeugs Udet U 12a Flamingo bei der Landung in Aspern am 5. April 1935. Pilot war Oberstleutnant Schöbel, Stabschef im Kommando der Luftstreitkräfte. Er blieb unverletzt.

Startturm für die Flugleitung in Graz-Thalerhof. Daneben steht ein Schulflugzeug des Typs Hopfner HS 829. Von diesem österreichischen Erzeugnis wurden ab 1931 fünf Stück beschafft.

Als nächste waren Hauptmann Erich Zdiarsky und Leutnant Dr. Hermann Mahnert zum Flugdienst eingeteilt. Um 8 Uhr 59 stürzte das Schulflugzeug über dem Flugplatz Wien-Aspern in einer Linkskurve ab und zerschellte am Boden. Die beiden Insassen waren auf der Stelle tot. Am 6. Oktober 1928 wurde der Flugbetrieb mit einem neuen Flugzeug vom Typ Udet 12a Flamingo mit dem Kennzeichen A-55 wieder aufgenommen. Als Ersatz für den tödlich verunglückten Leutnant Dr. Mahnert kam Leutnant Kurt Hübel zur Pilotenschulung nach Wien-Aspern.

Die ÖLAG-Fliegerschule Graz-Thalerhof

Zu Jahresbeginn 1929 erfolgte die Verlegung der ÖLAG-Fliegerschule nach Graz-Thalerhof. Leiter der Fliegerschule wurde Regierungsrat Oberstleutnant außer Dienst Feldpilot Alfred Eccher. Ein Hauptgrund für die Verlegung der ÖLAG-Fliegerschule war die strikte Geheimhaltung der Militärpilotenausbildung. Der Flugplatz Wien-Aspern wurde in den 1920er-Jahren zu einem internationalen Zivilflugplatz ausgebaut, und so bestand Gefahr, dass die verstärkte Pilotenausbildung auffallen würde. Am 27. März 1929 erhielt die Schule eine auf fünf Jahre befristete Betriebsgenehmigung. Um einen Flugbetrieb durchführen zu können, musste auch ein gut funktionierender Wartungsbetrieb eingerichtet werden. Die Wartungstätigkeit führten die Heerestechniker aber in ÖLAG-Monturen durch. Leiter der „Technischen Abteilung" wurde Ing. Hauptmann Johann Hämmerle.

Im Sommer 1929 kam Major Yllam mit dem neu gekauften Flugzeug Udet 12a nach Graz-Thalerhof, um hier die in Wien-Aspern begonnene Flugausbildung der Leutnante Schalk und Hübel abzuschließen. Der erste Jahresfliegerkurs 1929/30 bestand aus 18 Teilnehmern (8 Offiziere, 5 Maturanten, 2 ÖLAG-Angehörige und 2 Sicherheitswacheangehörige). Bereits Ende Februar 1930 wurden sowohl die Bevölkerung als auch Journalisten auf die Flugtätigkeit der Flugschüler aufmerksam. Die ÖLAG-Leitung beschwerte sich bei Schulleiter Eccher darüber, dass seine Flugschüler Kunstflüge über Graz und Voitsberg durchführten und dies mit den Schlagzeilen: „Flamingo trudelt über Graz" und „Großes Kunst- und Schaufliegen über Voitsberg" in den Tageszeitungen vermerkt wurde. Gerade eine solche Berichterstattung wünschte Oberst Löhr nicht. Er machte Schulleiter Eccher darauf aufmerksam, dass die Flugzeuge für Schulzwecke und nicht zur Belustigung der Bevölkerung von Graz und Umgebung dienten.

Am 3. März 1930 sorgte die Fliegerschule wieder für Schlagzeilen, als der Offiziersanwärter Alexander Baabe mit einem Flugzeug vom Typ Brandenburg C I mit dem Kennzeichen A-81 tödlich verunglückte. Das Flugzeug war ins Trudeln gekommen, der Flugzeugführer

Verbandflug von fünf Udet U 12a der Fliegerschule Thalerhof. Diese Ausführung der U 12 wurde als H-Flamingo bezeichnet, weil sie einen Holzrumpf hatte. Drei Flamingos wurden in Deutschland gekauft, elf weitere in Graz gebaut.

Leutnant Walter Vogler meldet die Teilnehmer des Jahresfliegerkurses 1931/32 an der Fliegerschule Thalerhof. Dahinter stehen die Schulflugzeuge vom Typ Udet U 12a Flamingo und Hopfner HS 829.

Das Aufklärungsflugzeug Junkers A 35 wurde im Jänner 1930 geliefert. Mit ihm wurden Beobachter- und Luftbildnerkurse durchgeführt. Die A-75 wurde für Aufklärungs- und Fotoflüge verwendet.

Verbandstart von Jagdflugzeugen des Typs Fiat CR 20 anlässlich der Frühjahrsparade 1935 am 7. April 1935. Die Flugzeuge tragen noch die als Tarnung eingeführten zivilen Kennzeichen.

konnte die Maschine nicht mehr unter seine Kontrolle bringen, beim Aufschlag brannte die Maschine völlig aus. Mit dem Ergebnis des 1. Jahresfliegerkurses war Oberst Löhr nicht zufrieden. Nur elf der 18 Flugschüler erhielten den Flugzeugführerschein. Während alle Polizeiflugschüler und die ÖLAG-Flugschüler den Flugzeugführerschein erhielten, brachen zwei Bundesheeroffiziere den Kurs ab, von den Maturanten-Flugschülern erhielt sogar nur einer den Flugschein.

Am 15. September 1930 begannen 14 Flugschüler den 2. Jahresfliegerkurs. Nach dem überaus schlechten Abschneiden der Maturanten-Flugschüler wurde als Konsequenz ein neues Überprüfungsverfahren eingeführt. Von 23, die sich zur Flugausbildung gemeldet hatten, blieben nach den ärztlichen Untersuchungen nur mehr zwölf übrig. Alle Flugschüler bestanden ihre Flugausbildung und somit wurde der 2. Jahresfliegerkurs ein voller Erfolg. Am 3. Juli 1931 wurden zwei Fiat-Flugzeuge vom Typ A 120 von italienischen Piloten nach Graz-Thalerhof überstellt. Aus Kostengründen und um die Geheimhaltung nicht zu verletzen, durften die neuen Maschinen nur mit Genehmigung von Oberst Löhr geflogen werden, sonst standen sie, vor Blicken geschützt, in den Werkshallen. Die Beschaffung von italienischen Maschinen hatte vor allem den Grund, dass Rom an einem starken österreichischen Bundesheer unter Verwendung italienischer Rüstungsgüter interessiert war. Aus finanziellen Gründen wurden die beiden Fiat-Flugzeuge aber bereits 1932 vorübergehend aus dem Flugdienst gestellt.

Fiat A 120 mit dem zivilen Tarn-Kennzeichen A-301. Die beiden A 120 waren die ersten Militärflugzeuge der Ersten Republik, die auch Waffen tragen konnten. Die Aufnahme stammt aus 1934.

Die Pilotenausbildung und die Erhaltung des Pilotenscheines der Kategorie B war somit nur mehr mit dem Junkers-A35-Flugzeug möglich. Noch schwieriger war die Situation der Flugzeugführer, die ihren Flugzeugführerschein Kategorie C erhalten mussten. Major Yllam, Oberleutnant Schalk und Oberleutnant Vogler konnten sich ihren Flugzeugführerschein nur deshalb erhalten, weil sie in die Luftbildausbildung miteinbezogen wurden.

Die geheime Aufstellung einer Jagdfliegerstaffel

Vor dem Ausbildungsjahr 1933/34 begann man unter strengster Geheimhaltung eine Jagdfliegerstaffel aufzustellen. Anfang Juli 1933 hatte der österreichische Heeresminister Vaugoin den Ankauf von sechs italienischen Jagdflugzeugen befohlen. Am 18. August 1933 trafen die ersten fünf Jagdflugzeuge vom Typ Fiat CR 20bis in Graz-Thalerhof ein. Aus Geheimhaltungsgründen wurden die Flugzeuge in den Werfthallen, vor der Öffentlichkeit versteckt, abgestellt, und der Flugbetrieb wurde bis auf Weiteres ausdrücklich untersagt. Jedoch mussten die Flugzeuge so gewartet werden, dass sie jederzeit einsatzbereit waren. Die Pilotenausbildung auf dem Fiat-Flugzeug sollte erst nach dem Eintreffen von zweisitzigen Schulmaschinen der Type Fiat CR 20 biposto erfolgen. An der Fliegerschule Graz-Thalerhof fanden gleichzeitig zwei Kurse statt. Der erste war der Jahresfliegerkurs 1933/34 mit 15 Teilnehmern. Erstmals wurden nur Heeresangehörige zu einem Kurs einberufen. Neu war auch, dass nicht nur Offiziere und Offiziersanwärter, sondern auch Unteroffiziere und Mannschaftsdienstgrade ausgebildet wurden. Am 16. Juni 1934 endete der Jahresfliegerkurs 1933/34, und die Fliegerschule wurde aufgelöst. Der zweite Kurs war ein Jagdfliegerkurs mit sieben Teilnehmern. Ausbildungsziel war die Beherrschung des Jagdflugzeugs Fiat CR 20bis im Einzelflug und im Kampfeinsatz. Durch den stark gestiegenen Personalstand der Fliegerschule Graz-Thalerhof wurde im Herbst 1933 eine Umgliederung der Fliegerschule notwendig. Die Technische Abteilung musste durch den Zuwachs an Flugzeugen, Waffen und Munition vergrößert werden. Das Heeresministerium verfügte nun, alle ausgebildeten Piloten und Flugzeugwarte am Fliegerhorst Graz-Thalerhof zusammenzuziehen, um sofort einsatzbereit zu sein.

De Havilland DH 80 A, Kennzeichen OE-TEK, DNr. 62. Am 27. Mai 1935 verkaufte Fürst Kinsky, damals Präsident des Aero-Clubs, dieses Flugzeug an die Luftstreitkräfte. Bei dieser Aufnahme aus dem Jahre 1935 ist links Major Fröhlich als Pilot abgebildet.

Die Tarnung fällt – Die Auflösung der „zivilen" Fliegerschule Graz-Thalerhof

Mit 1. April 1934 erfolgte die Zusammenlegung der fünf Fachgruppen in der Lehrabteilung II. Diese wurde nun offiziell zu einem Truppenkörper des österreichischen Bundesheeres. Die Gruppe T war die Technische Abteilung, die Gruppe W die Waffenabteilung der Fliegerschule, die Gruppe P die Schulstaffel, die Gruppe C die Jagdstaffel und die Gruppe A-1 die Aufklärungsstaffel. Eine Neugliederung der militärischen Struktur erfolgte am 1. Mai 1934. Die Lehrabteilungen erhielten eine gemeinsame vorgesetzte Kommandodienststelle, das Luftschutzkommando, das unter der Leitung von Oberst Löhr stand. Standort des Luftschutzkommandos war die Stiftskaserne im 7. Wiener Gemeindebezirk. Aus Gründen der Tarnung wurde die Bezeichnung Fliegerschule Thalerhof noch bis Jahresende 1934 geführt, obwohl am 24. Mai 1934 die offizielle Übergabe von der ÖLAG an das Heeresministerium durchgeführt wurde. An diesem Tag übergab Regierungsrat Eccher die Fliegerschule an den Kommandanten der Lehrabteilung II, Oberstleutnant Yllam. Ab 1. Juli 1934 versahen die Angehörigen der beiden Lehrabteilungen ihren Dienst in Uniform und zeigten somit den militärischen Charakter der Lehrabteilungen. Mit 1. Oktober 1934 trat eine neue Aufteilung der vorhandenen Flugzeuge auf die einzelnen Lehrabteilungen und das Luftschutzkommando in Kraft. Das zivile ÖLAG-Personal wurde mit Wirkung vom 31. März 1935 gekündigt bzw. vom Heeresministerium übernommen.

Am 10. Jänner 1935 erfolgte die nächste Umgliederung. Dem Luftschutzkommando wurde die Fliegerabwehrbatterie unterstellt. Die Technische Gruppe (T-Gruppe) der Lehrabteilung II wurde in Technische Zeuganstalt Graz, die einen Personalstand von 95 Mann hatte, umbenannt. Den beiden Lehrabteilungen wurde eine Abteilungswerkstätte unterstellt. Am 9. März 1935 wurde für das fliegende Personal eine Art Pilotenuniform eingeführt. Diese Übergangsdienstbekleidung blieb bis zur Ausgabe der M.36-Uniform am 1. Oktober 1936 in Verwendung. Als Übergangsuniform für das nicht fliegende Personal der Fliegerkräfte diente die Heeresuniform M.33 mit schwarzen Aufschlägen, gelben Knöpfen und hechtgrauem Waffenrock.

Die Phase der Aufrüstung – Die Zeit vom Juni 1935 bis zum März 1938

Der 1. Juni 1935 – Die Geburtsstunde der Fliegertruppe der Ersten Republik

In Deutschland war am 1. März 1935 die Tarnung der geheim aufgestellten Luftwaffe gefallen. Diese Entwicklung konnte Österreich nützen, und mit Duldung der ehemaligen Siegermächte erfolgte die endgültige Enttarnung der österreichischen Fliegertruppe. Dieser Schritt wurde am 1. Juni 1935 gemacht, als das Luftschutzkommando die Bezeichnung „Kommando der Luftstreitkräfte" erhielt. Kommandant der österreichischen Luftstreitkräfte wurde der am 25. September 1934 zum Generalmajor beförderte Alexander Löhr. Der nächste Schritt erfolgte am 1. Juli 1935, als die Heeresluftschutzabteilung 1 (Graz) in Fliegerregiment 2 und die Heeresluftschutzabteilung 2 (Wien) in Fliegerregiment 1 umbenannt wurde. Neben der Aufstellung der fliegenden Verbände wurde nun auch eine Fliegerabwehrtruppe aufgestellt. Mit Stichtag 1. Juni 1935 hatte das österreichische Bundesheer 54 Flugzeuge in seinem Bestand.

Im Juni 1935 fanden drei Luftschutzübungen statt, an denen mehrere Flugzeuge der Garnisonen Wien und Graz teilnahmen. Am 25. Juli 1935 führten drei Flugzeuge vom Fliegerregiment 1, drei Flugzeuge der Akademie-Staffel und eine Jagdflieger-Staffel des Fliegerregiments 2 einen Überflug bei den Dollfuß-Ge-

Schießausbildung in Oggau 1936. Vor Beginn des Schießens mit dem Flugzeug musste jeder Kursteilnehmer zwei Serien zu je 50 Schuss am Pilotenschießgestell abgeben, um mit der Waffe vertraut zu werden.

Feldbetankung einer Hopfner HM 13. Drei Stück dieses Schulflugzeugs wurden 1935 bei der Hirtenberger Patronenfabrik für die Luftstreitkräfte hergestellt und als B-Schulflugzeuge eingesetzt. Diese österreichische Konstruktion konnte sich gegenüber der Konkurrenz aus Deutschland nicht durchsetzen.

denkfeiern durch. Am 1. September 1935 war die erste Ausmusterung von Fliegeroffizieren in Wiener Neustadt. Am 26. Oktober 1935 fand in Wien eine Feldzeichenübergabe mit anschließender Parade statt, an der die Luftstreitkräfte mit 40 Flugzeugen teilnahmen.

Die Luftstreitkräfte im Jahr 1936

Das bereits am 1. November 1935 aufgestellte Jagdgeschwader 1 wurde im Frühjahr 1936 personell aufgefüllt und hatte folgende Gliederung: Geschwaderkommandant: Oberleutnant Schalk, Staffelkommandant 1. Jagdstaffel: Leutnant Gamringer, Staffelkommandant 2. Jagdstaffel: Oberleutnant Müller und Staffelkommandant 3. Jagdstaffel: Leutnant Gutmann. Im Frühjahr 1936 wurden das Schulgeschwaderkommando unter der Führung von Oberleutnant Neundlinger und die Schulstaffel 8 unter der Führung von Oberleutnant Auernigg aufgestellt. Am 1. Oktober 1936 wurde die Akademie-Flugstaffel aus dem Verband der Theresianischen Militärakademie ausgegliedert und unter der Bezeichnung Schulstaffel „Th" dem Fliegerregiment 1 eingegliedert. Am 20. Juli 1936 begann man mit der Aufstellung der für den Flugplatz Wiener Neustadt vorgesehenen Verbände. Oberleutnant Müller-Rienzburg wurde Kommandant des Jagdgeschwaders 2 und war auch gleichzeitig Flugplatzkommandant. Die Gliederung des nun voll aufgestellten und mit Jagdflugzeugen des Typs Fiat CR 32 ausgerüsteten Jagdgeschwaders 2 war: Geschwaderkommandant: Oberleutnant Müller-Rienzburg, Staffelkommandant 4. Jagdstaffel: Leutnant Maculan, Staffelkommandant 5. Jagdstaffel: Leutnant Gerlitz und Staffelkommandant 6. Jagdstaffel: Leutnant Mader. Die Piloten des Geschwaders waren zwischen September und November 1936 zur Jagdfliegerausbildung in Italien.

Mit Jahresende 1936 teilte das Bundesministerium für Landesverteidigung das Bundesgebiet in drei Luftbereiche ein. Dabei wurde auf geografische Gesichtspunkte und auf die Erfordernisse bei einer möglichen Mobilmachung Rücksicht genommen. Der Luftbereich

De Havilland DH 60 G III Moth Major, beginnend mit März 1935 wurden insgesamt 12 „Motten" aus England beschafft und als A-Schulflugzeuge eingesetzt. Die OE-TUM war zum Zeitpunkt der Aufnahme Ende 1935/Anfang 1936 bei der Aufklärungsstaffel 2 im Einsatz.

West lag westlich der Linie Königsee – Hochkönig – Hundsstein – Hochkar – Landesgrenze bis zur Dreiherrenspitze. Die südliche Begrenzung des Luftbereichs Nord verlief von der Bundesgrenze südlich des Königsees über den Pass Lueg und die Bischofsmütze entlang der steirischen Landesgrenze bis zur Dreiländerecke Steiermark – Niederösterreich – Burgenland, von dort in Luftlinie bis zum Geschriebenstein. Südlich dieser Linie lag der Luftbereich Süd.

1935 erfolgte der Ankauf von fünf Bombenflugzeugen vom Typ Caproni Ca 133, einem dreimotorigen Hochdecker. Am 14. Februar 1936 traf aus Italien das erste Bombenflugzeug in Österreich ein und erhielt die Dienstnummer 31. Das Flugzeug wurde dem Fliegerregiment 1 zugeteilt und erhielt eine rot-weiß-rote Bemalung des Seitenruders und die österreichische Kokarde aufgemalt.

Am 15. Juni 1936 ereignete sich ein schwerer Flugunfall. Um 9 Uhr 30 startete die Besatzung Flugzeugführer Oberleutnant Walter Vogler, Bordwart Zugsführer Adolf Wawrin und Leutnant Ing. Roman Steszyn zu einem Übungsflug vom Flugplatz Wels mit einem der neuen Caproni-Bomber Ca 133 mit der Dienstnummer 31. In einer Höhe von etwa 200 m über dem Stadtgebiet von Wels begann das Flugzeug zu brennen und drohte auf die Stadt zu stürzen. So befahl Oberleutnant Vogler seiner Besatzung, mit dem Fallschirm abzuspringen. Während Leutnant Ing. Steszyn aus einer Höhe von etwa 100 m das Flugzeug verließ und unverletzt mit dem Fallschirm landen konnte, gelang es Zugsführer Wawrin erst in einer Höhe von etwa 40 m, das Flugzeug zu verlassen. Der Fallschirm öffnete sich nicht mehr ganz und Wawrin prallte mit großer Wucht am Boden auf. Er starb an seinen schweren inneren Verletzungen. Oberleutnant Vogler, der das Flugzeug nicht mehr verlassen konnte, gelang es noch, die Maschine aus dem Stadtgebiet von Wels herauszubringen. Beim Aufschlag der brennenden Maschine am Stadtrand von Wels wurde Oberleutnant Vogler getötet.

In der zweiten Hälfte des Jahres 1936 kauften die Luftstreitkräfte 34 bewaffnete Jagdflugzeuge vom Typ Fiat CR 32 „Chirri".

Inspektion des Flughafens Wels durch General Zehner am 14. März 1936. Zwei Aufklärer der Type Fiat A 120 bzw. A 120 R der Aufklärungsstaffel 1 sowie einer der neu gelieferten Bomber vom Typ Caproni Ca 133 sind zu sehen.

Jagdflugzeuge Fiat CR 32 am Fliegerhorst Wiener Neustadt. 45 „Chirris" wurden 1936 aus Italien beschafft und bei den Jagdstaffeln 4, 5 und 6 in Dienst gestellt. Kommandant des Jagdgeschwaders II, in dem die drei Staffeln zusammengefasst waren, war Oberleutnant Wilfried Müller-Rienzburg.

Betankung eines Bombenflugzeugs Caproni Ca 133 bei der Frühjahrsparade 1936. Erstmals beteiligten sich fliegende Verbände der Luftstreitkräfte an dieser Parade des Bundesheeres, darunter auch die erst wenige Tage vorher nach Österreich gelieferten Bomber.

Besatzung eines Aufklärungsflugzeugs in der Winter-Fliegerkombination, der rechts stehende Oberleutnant trägt die ab 1936 eingeführte feldgraue Uniform mit Tellerkappe und Fliegerdolch.

Oberleutnant Walter Vogler erwarb im Mai 1930 den Flugschein an der Fliegerschule Thalerhof und war dann dort bis 1934 als Fluglehrer tätig. Vogler war an den Vorarbeiten für die Schaffung des Militärflughafens Wels beteiligt und übernahm 1934 das Kommando der Aufklärungsstaffel 1. Mit 29. April 1936 wurde er Kommandant der Bombenstaffel 1. Am 15. Juni 1936 stürzte er mit einem der neuen Caproni-Bomber tödlich ab.

Plakat für die Fliegerspende.

Die Fliegerspende des österreichischen Volks an die Luftstreitkräfte

Am 30. September 1936 hielt der Staatssekretär für Landesverteidigung General der Infanterie Wilhelm Zehner im Radio einen Vortrag, in dem er den Zuhörern mitteilte, dass die verstärkte Aufrüstung des Bundesheeres nicht mehr mit den Budgetmitteln zu finanzieren wäre, und er forderte die Bevölkerung auf, eine Spende für den Aufbau einer starken österreichischen Luftwaffe zu leisten. Zehner versprach, jeden gespendeten Schilling zum Ankauf von modernen Flugzeugen zu verwenden. In einem Aufruf am 1. Oktober 1936 wendeten sich General Zehner und der Bundeskommissär für den Heimatdienst Walter Adam an das österreichische Volk, um sie über den Zweck der Fliegerspende zu informieren.

Stahlflamingo S-U-12 a. Für die Flamingo-Schulflugzeuge wurde an der Fliegerwerft Graz-Thalerhof ein Stahlrohrrumpf konstruiert. Elf Stück wurden ab 1936 für die Luftstreitkräfte als A-Schulflugzeuge gebaut. Die DNr. 435 hat z.B. während ihrer Dienstzeit bei den Luftstreitkräften 213 Flugstunden erreicht.

Der Aus- und Neubau der österreichischen Fliegerhorste im Jahr 1936

Zu Jahresbeginn 1936 teilte das Bundesministerium für Landesverteidigung mit, nach Ankauf der ehemaligen Fliegerkaserne in Wiener Neustadt einen nicht öffentlichen Flugplatz zu errichten. Die dort stationierten Fliegereinheiten sollten zum Schutz der Bundeshauptstadt und der Industrieanlagen im Steinfeld dienen. Obwohl vorerst nur die Stationierung einer Schulstaffel geplant war, wurde der Bauabteilung der 2. Division 1936 mitgeteilt, dass neben der vorgesehenen Schulstaffel auch ein Jagdgeschwader mit drei Staffeln in Wiener Neustadt stationiert werden sollte. Im Juli 1936 wurde mit der Aufstellung des für Wiener Neustadt vorgesehenen Fliegerverbands begonnen. Nach Abschluss der Umbauarbeiten übersiedelte die Schulstaffel „Th" vom Flugfeld II, das nördlich der Wöllersdorfer Straße lag, in die neuen Anlagen des Flugfelds I. Nach dem Aus- und Umbau der noch aus dem Ersten Weltkrieg vorhandenen Gebäude verfügte der Fliegerhorst Wiener Neustadt über sieben Hangars und Werkstätten. Weiters wurden ein Flugsicherungsgebäude und ein Beobachtungsturm erbaut. Am 12. Dezember 1936 fand die feierliche Einweihung und Übergabe der wiedererrichteten Fliegerkaserne Wiener Neustadt statt.

Bereits 1935 wurden im oberen Ennstal mögliche Standorte für einen Militärflugplatz besichtigt. Nach der Besichtigung kamen zwei Plätze in die engere Auswahl. Von der Bauabtei-

Avro 626, DNr. 525, Wartungsarbeiten beim Manöver 1937 vor einem Flugzeugzelt. Die letzten drei von insgesamt sieben beschafften Maschinen wurden erst 1937 geliefert.

lung der Luftstreitkräfte wurde das Gebiet von Stainach-Irdning bevorzugt. Der zweite Platz, der zur Auswahl stand, war das Taschenberger Moor im Raum Aigen-Wörschach. Generalmajor Löhr sprach sich für die Errichtung des Militärflughafens auf dem Gelände des Taschenberger Moores aus. Die offizielle Bezeichnung des Flugplatzes lautete in den Jahren 1935/36 „Militärflughafen Wörschach". Im Juli 1935 wurden die Vermessungsarbeiten begonnen. Das Besondere am Fliegerhorst Wörschach war, dass die Flugzeughallen in den Berg hineingebaut werden sollten. Der Bau der Flugzeughangars verzögerte sich, da der Untergrund, auf dem die Fundamente errichtet werden sollten, sich als nicht sehr tragfähig erwiesen. Am 30. August 1937 wurde Feldpilot Major Marinkovich zum Kommandanten des Fliegerhorsts Aigen ernannt. Im Spätsommer 1937 nahmen die Wetterwarte und die Flugleitung ihren provisorischen Betrieb auf. Die Start- und Landebahn wurde im September 1937 fertiggestellt. Anfang Dezember 1937 war der Fliegerhorst bezugsfertig, und das Bombengeschwader I und die Fliegerhorstkompanie 6 wurden nach Aigen verlegt. Am 20. Dezember 1937 wurde der reguläre Flugbetrieb für zwei- und dreimotorige Flugzeuge aufgenommen.

Im Juni 1935 erfolgte die Auswahl des zukünftigen Standorts des neuen Schulflughafens Zeltweg. Im Sommer 1936 begannen die Vermessungsarbeiten und die Verhandlungen über die Grundstückserwerbungen. Im August 1936 wurden die endgültigen Platzgrenzen festgelegt. Im Sommer 1937 war das Flugfeld in Zeltweg so weit fertiggestellt, dass ab 1. August 1937 Flugzeuge der Kategorie A starten und landen konnten. Am 1. November 1937 wurde Oberst Fröhlich zum Kommandanten des Fliegerhorsts ernannt. Im Dezember 1937 konnte der Flugbetrieb provisorisch aufgenommen werden. Die Verlegung des Schulgeschwaders mit den drei Schulstaffeln A, B und C wurde vom Kommando der Luftstreitkräfte für den Zeitraum von 10. bis 12. Dezember 1937 festgelegt.

Gotha Go 145, DNr. 527 in Aspern. Diese B-Schulflugzeuge wurden mit verschiedenen Ausrüstungen geliefert, und zwar jeweils vier Stück mit MG und Doppelsteuer, mit Funkausrüstung und mit einer Bombenausrüstung.

Die Luftstreitkräfte im Jahr 1937

Am 1. März 1937 wurde der bisherige Kommandant des Fliegerregiments 2, Oberst Yllam, in Würdigung seiner Leistungen beim Aufbau der Luftstreitkräfte zum Fliegertruppeninspektor ernannt. In dieser Position unterstand Oberst Yllam direkt dem Kommandanten der Luftstreitkräfte. Die Aufgabe des Fliegertruppeninspektors war die Überwachung des gesamten Ausbildungsbetriebs der beiden Fliegerregimenter. Sein Nachfolger wurde Feldpilot Oberstleutnant Seebauer. Ab 1. Juni 1937 wurde dem Kommando der Luftstreitkräfte die Flieger-Telegraphenkompanie direkt unterstellt. Am 10. Juli 1937 wurde das Kommando des Bombengeschwaders I und die Bomberstaffel 2 mit Standort Wiener Neustadt im Rahmen des Fliegerregiments 1 gleichzeitig mit der Schulstaffel C des Schulgeschwaders in Graz-Thalerhof aufgestellt. Die Aufklärungsstaffel 2 des Fliegerregiments 1 wurde mit Wirkung vom 10. Juli 1937 in Stabsstaffel umbenannt. In Wels wurde eine neue Aufklärungsstaffel 2 geschaffen. Am 1. Oktober 1937 wurden die Einheiten der Luftstreitkräfte auf den vollen Mannschaftsstand gebracht. An diesem Tag rückten erstmals sogenannte D-Männer, die ihre Dienstpflicht abzuleisten hatten, zu den Einheiten der Luftstreitkräfte ein. Da die Wirtschaftslage in Österreich sehr schlecht war, meldeten sich sehr viele Freiwillige, die vorerst eine Dienstzeit von vier Jahren abzuleisten hatten. Um eine einheitliche Ausbildung durchführen zu können, wurden erstmals Ausbildungsbataillone aufgestellt.

Am 9. und 10. Jänner 1937 trafen die letzten elf Jagdflugzeuge vom Typ Fiat CR 32 in Österreich ein.

Am 7. Oktober 1936 hatten die Luftstreitkräfte Flugzeuge vom Typ Focke Wulf FW 44 in Deutschland angekauft. Am 23. Februar 1937 wurde die erste Maschine nach Österreich überstellt und der Schulstaffel A des Fliegerregiments 2 zugeteilt. Im März 1937 wurden weitere acht Flugzeuge vom Typ Focke Wulf FW 44 nach Österreich überstellt. Anfang Juni 1937 trafen die letzten drei Schulflugzeuge vom Typ

Startvorbereitungen an einer Focke Wulf FW 58 im Rahmen des Manövers 1937. Die DNr. 302 war der Stabsstaffel in Wien zugeteilt. Die „Weihen" sollten als Bombenschulflugzeuge verwendet werden.

Caproni Ca 100 ein. Im Mai 1937 traf das erste und im Juli die beiden restlichen Junkers-Ju-52-Flugzeuge aus Deutschland ein. Ab 26. Juni 1937 wurden zwölf Schulflugzeuge vom Typ Gotha Go 145 an die Luftstreitkräfte ausgeliefert.

Im Juni 1936 wurden die ersten drei Flugzeuge vom Typ Focke Wulf FW 58 „Weihe" an das Bundesheer ausgeliefert. Weiters trafen neun Flugzeuge vom Typ Focke Wulf FW 56 „Stösser" im Juni 1937 ein.

Am 27. Juli 1937 wurde das viersitzige Reiseflugzeug vom Typ Messerschmitt Bf 108 nach Österreich geliefert. Das Flugzeug ging jedoch schon am 5. Oktober bei einem Flugunfall verloren. Das viersitzige Verbindungsflugzeug Messerschmitt Bf 108 mit dem Kennzeichen OE-TKA stürzte in der Nähe des Flugplatzes Wien-Aspern, bei Breitenlee, ab. Die vier Insassen, Flugzeugführer Zugsführer Wilhelm Krzywon, Flugzeugführer Zugsführer Josef Eberl, Gefreiter Ernst Feigl und der Flugschüler Rudolf Benda, waren auf der Stelle tot. Als Unfallursache wurde ein Pilotenfehler angenommen. Er dürfte vergessen haben, die Klappen einzufahren. Die Überbelastung führte zum Bruch der Tragflächen. Nachdem den österreichischen Flugzeugführern in Italien die guten Kunstflugeigenschaften des Fiat-CR-32-Jagdflugzeugs vorgeführt worden waren, begannen diese nach ihrer Rückkehr im Geheimen mit dem Üben des Verbandkunstflugs. Diese Kunstflugstaffel setzte sich aus Piloten des Jagdgeschwaders II, das in Wiener Neustadt stationiert war, zusammen. Die Kunstflugstaffel konnte im dünn besiedelten Rax- und Semmeringgebiet üben.

Am 19. September 1937 fand der Flugtag der Luftstreitkräfte in Wien-Aspern statt. Um 14 Uhr 30 begannen die Flugvorführungen. Eine von Leutnant Rauer geführte Kette aus drei Flugzeugen warf beim Überflug über dem Flugfeld einen Lorbeerkranz aus der Führungsmaschine ab, der zu den Klängen des Marsches „Ich hatt' einen Kameraden" an einem Flaggenmast befestigt wurde. Unter der Führung von Leutnant Brunner führten fünf Flugzeugführer der Schulstaffel Verbands- und Kunstflug-

Schulflugzeuge Focke Wulf FW 44 Stieglitz. Elf Stück wurden aus Deutschland angekauft. Weitere 21 Stück wurden von der Hirtenberger Patronen-Fabrik in Lizenz gefertigt. Der Stieglitz sollte das Standardschulflugzeug der Luftstreitkräfte werden.

1936 wurden zwölf B-Schulflugzeuge vom Typ Breda Ba 28 aus Italien beschafft. Das abgebildete Flugzeug trägt unter dem Höhenleitwerk die italienische Registrierung MM 70089 und ist daher die österreichische Dienstnummer 518. Eingesetzt wurden die kunstflugtauglichen Breda bei der Schulstaffel B des Schulgeschwaders in Zeltweg, waren aber aufgrund der Flugeigenschaften bei den Piloten nicht beliebt.

Paradeaufstellung der Fiat-CR-32-Jagdflugzeuge beim Jagdgeschwader 2 in Wiener Neustadt, im Vordergrund steht die Dienstnummer 147, mit der Werknummer 495. Erst später wurde zur besseren Sichtbarkeit die Dienstnummer auch groß am Rumpf hinter der Kokarde aufgemalt. Die „Chirri" war ein wendiges und bei den Piloten beliebtes Flugzeug.

übungen vor. Beim anschließenden „Ballonrammen" zeigten Hauptmann Schalk, Leutnant Gutmann und Leutnant Gamringer, wie Sperrballone mit dem Propeller gerammt werden konnten. Der nächste Programmpunkt war ein Staffellauf besonderer Art. Je eine Meldehülse wurde durch einen Läufer zu einem Flugzeug gebracht. Mit diesen Meldungen starteten die Flugzeuge und führten eine Platzrunde durch. Beim Überfliegen des Flugfelds warfen die Beobachter ihre Meldehülsen ab, die von einem weiteren Läufer ins Ziel gebracht wurden. Anschließend zeigte ein Bomberverband unter der Leitung von Hauptmann Behrendt einen Angriff auf eine aus Holz und Papier aufgebaute Fabrikanlage. Die Formation bestand aus drei Flugzeugen vom Typ Junkers Ju 52. Der nächste Programmpunkt war die Kunstflugvorführung von Hauptmann Behrendt mit einem zweimotorigen Bomber vom Typ Junkers Ju 86. Der Höhepunkt des Flugtags war die Kunstflugvorführung des besten Kunstflugpiloten des Bundesheeres Hauptmann Schalk. Danach führte Wachtmeister Bittmann den Zuschauern das Sonderflugzeug vom Typ Cierva C 30 „Autogiro" vor. Den Abschluss des Flugtags bildete eine Defilierung aller an den Flugvorführungen beteiligten Flugzeuge in geringer Höhe an der Ehrentribüne vorbei, wo unter anderem Bundespräsident Miklas und mehrere ausländische Militärattachés anwesend waren. Unter den Klängen des Fliegermarschs ging der Flugtag zu Ende. Nach offiziellen Angaben waren zwischen 60.000 und 80.000 Zuschauer, mit den „Zaungästen" wahrscheinlich 160.000 bis 180.000 Menschen, zum Flugtag gekommen.

Blick über die Besuchertribüne beim Flugtag 1937.

Cierva C 30 A, OE-TAX. Der englische Lizenzbau des Autogiro wurde im Juni 1935 in England gekauft und von Oberleutnant Behrendt mit einer Gesamtflugzeit von 1061 Minuten nach Österreich überflogen. Der Tragschrauber stürzte am 13. Oktober 1937 ab und brannte aus.

Caproni Ca 133 mit Besatzung. Insgesamt wurden 1936 fünf Flugzeuge aus Italien beschafft und bei der Bombenstaffel 1 in Dienst gestellt. Bis zur Fertigstellung von Wörschach war diese Staffel in Wels stationiert.

Die Luftstreitkräfte im Jahr 1938

Am 1. Jänner 1938 verfügten die Luftstreitkräfte über die vier heereseigenen Fliegerhorste Wiener Neustadt, Wels, Aigen im Ennstal und Zeltweg sowie über die drei gemeinsam mit der Zivilluftfahrt benützten Flugplätze Wien-Aspern, Graz-Thalerhof und Klagenfurt-Annabichl. Der Ausbauplan von 1937 sah vor, bis 1939/40 in jedem der drei Luftbereiche ein Fliegerregiment aufzustellen. Diese Fliegerregimenter sollten aus zwei bis vier Geschwadern bestehen. Für das Jahr 1938 sollte im Bereich des Fliegerregiments 2 neben einem Kraftfahrzug die Bombenstaffel 3 des Bombergeschwaders, eine Bombenschützenkompanie und eine Fallschirmkompanie aufgestellt werden. Das Schulgeschwader sollte aus dem Fliegerregiment 2 ausgegliedert und zu einem Schulregiment ausgebaut werden. Für den Luftbereich West waren drei Hafenkompanien vorgesehen. Das Fliegerregiment für den Luftbereich West war erst für die folgenden Jahre geplant. In St. Johann in Tirol war vorgesehen, einen Flugplatz zu errichten. Noch im Laufe des Jahres 1938 sollte auf einem Fliegerhorst in der Nähe von St. Pölten eine Sturzbomberstaffel, ausgerüstet mit zwölf Sturzbombern des Typs Breda Ba 65, aufgestellt werden. Weiters war in Langenlebarn ein Flugstützpunkt geplant. Für 1938 war vorgesehen, den Flugzeugbestand auf 737 Flugzeuge zu erhöhen. Dies wäre eine Verdreifachung der Flugzeugzahl im Vergleich zum Jahresbeginn gewesen.

Die Übernahme der Luftstreitkräfte durch die deutsche Luftwaffe und ihre Auflösung bis zum Sommer 1938

Am 11. März 1938 wurde vom Kommando der Luftstreitkräfte befohlen, Flugzettel für die von Bundeskanzler Schuschnigg angekündigte Volksabstimmung über dem Bundesgebiet abzuwerfen. Am selben Tag gab das Bundesministerium für Landesverteidigung dem Kommando der Luftstreitkräfte die Weisung, entlang der deutsch-österreichischen Grenze alle zwei Stunden Aufklärungsflüge durchzu-

Simulierter Bombenangriff mit drei Junkers Ju 52. Zwei Stück der Ju 52 wurden 1937 als Blindflugschulflugzeuge angeschafft, die dritte Maschine war als Reiseflugzeug ausgestattet und wurde als Stabsmaschine verwendet.

führen. Besonders das Gebiet Passau – Kimbach – Salzburg sollte genau beobachtet werden. Die eingesetzten Besatzungen konnten aber keine deutschen Truppenbewegungen im Grenzgebiet beobachten. Trotz der zunehmenden Spannungen befahl Generalmajor Löhr kurz vor Mitternacht, die Beobachtungsflüge am 12. März fortzusetzen, im Falle von Luftraumverletzungen war der Schusswaffengebrauch strengstens verboten. Am 12. März 1938 landete gegen 9 Uhr eine zivile Junkers Ju 52 am Flugplatz Wien-Aspern. An Bord befand sich Generalmajor Ludwig Wolff, der zum „Kommandeur aller Luftwaffenteile in Österreich" ernannt worden war. Im Laufe des Vormittags landeten weitere Transportflugzeuge vom Typ Junkers Ju 52 und Kampfflugzeuge der 6. Staffel des Kampfgeschwaders 155 vom Typ Dornier Do 17 in Wien-Aspern. Weitere Luftwaffenverbände landeten auf den Flugplätzen Wels, Linz und Innsbruck. Erst am 13. März landeten deutsche Verbände in Wiener Neustadt, Graz-Thalerhof, Klagenfurt-Annabichl, Aigen im Ennstal und Zeltweg. Am 15. März 1938 wurde das Bundesheer in die deutsche Wehrmacht eingegliedert. Am 17. März befahl Generalmajor Löhr, die österreichischen Hoheitsabzeichen zu entfernen und durch das deutsche zu ersetzen. Die Details über die Aufstellung der Luftwaffenverbände in Österreich und die endgültige Eingliederung der Luftstreitkräfte in die deutsche Luftwaffe wurden am 19. März bei einer Besprechung in Berlin festgelegt. Voralberg und Tirol kamen zum Luftgau VII, die restlichen Bundesländer zum neu geschaffenen Luftgau XVII. Aus politischen Gründen wurden nach einer Verfügung vom 15. März 1938 viele höhere Offiziere zwangspensioniert. Zu ihnen gehörten der Fliegertruppeninspektor Oberst Yllam, der Kommandant der Luftschutztruppen Oberst Müller und der Kommandant des Fliegerhorsts Aigen im Ennstal Major Marinkovic.

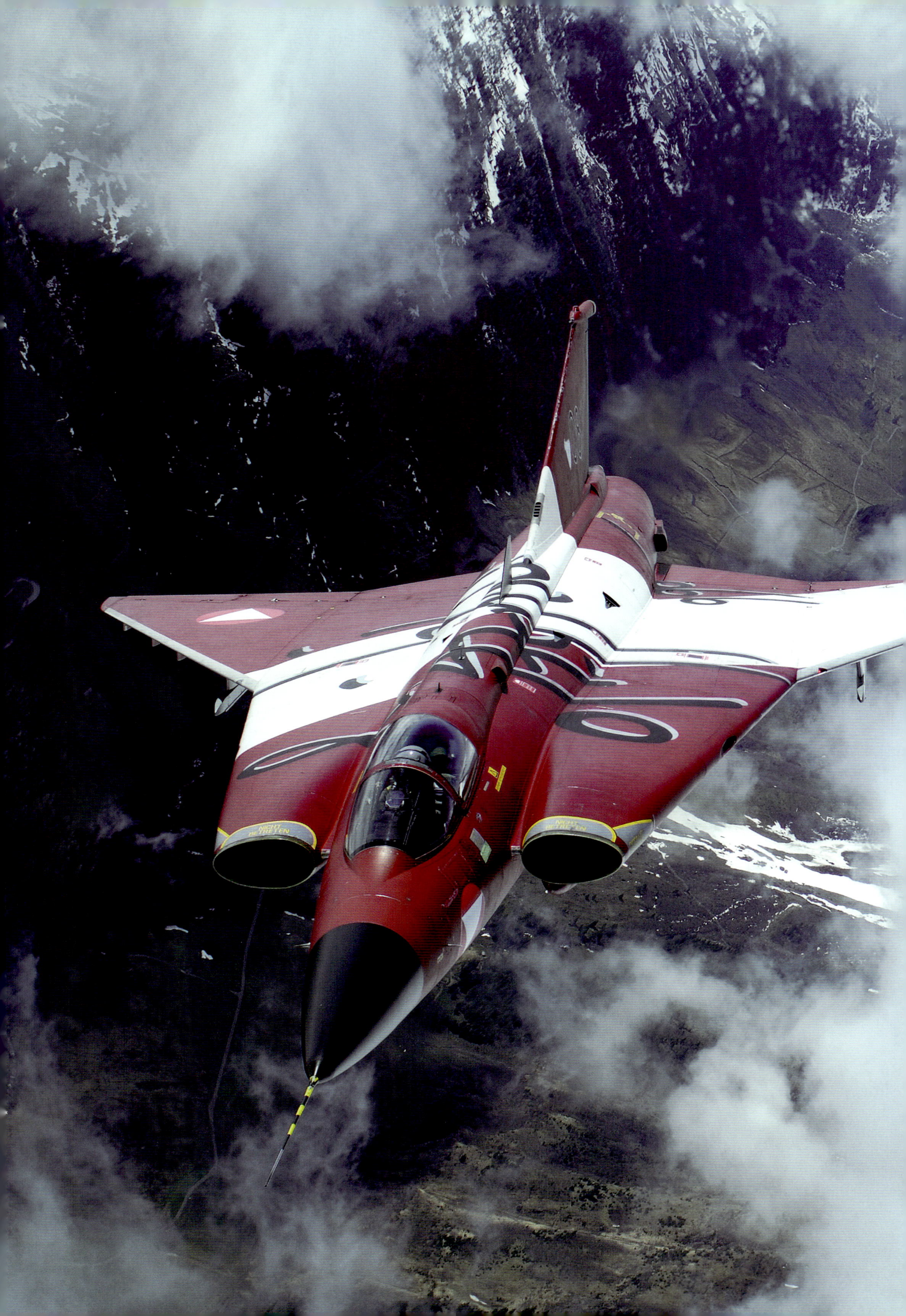

Wolfgang Hainzl

Die Luftstreitkräfte der Zweiten Republik Teil I (1955–1991)

Zwischen Erfordernissen und Realität

Es ist sicher eine gewaltige Aufgabe, nach zwei verlorenen Kriegen, nach dem Verzicht auf den bewaffneten Widerstand im März 1938 und nach der schwierigen geistigen Umstellung von einer Großmachtpolitik auf die Politik eines neutralen Kleinstaats das Vertrauen zu schaffen, dessen die Landesverteidigung bedarf, wenn sie ihre Aufgabe erfüllen können soll. Dazu kommen der scharfe innenpolitische Gegensatz zwischen den beiden führenden Parteien und die Tatsache, dass die Neutralitätspolitik keiner fest im Volk verankerten Tradition entspricht. Es ist im Grunde genommen erstaunlich, wie viel trotz dieser Erschwerungen erreicht werden konnte", berichtete 1968 der in der Schweiz politisch einflussreiche Korpskommandant Alfred Ernst nach einem Besuch der Landesverteidigungsakademie in Wien. Kritisch stellte er aber auch ein besonderes Missverhältnis zwischen der zu lösenden Aufgabe und den verfügbaren finanziellen und personellen Mitteln fest. Zudem gab es im Österreichischen Bundesheer die Tendenz, aus politisch-psychologischen Gründen „die Bedrohung nicht in ihrer vollen Tragweite anzuerkennen, also aus der Not eine Tugend zu machen und ein Kriegsbild zu wählen, das der Realität wohl kaum in allen Teilen entspricht". Sicherlich, die subjektive Meinung eines allerdings in Verteidigungskonzeptionen äußerst bewanderten Generals, aber hatte er nicht doch ein „Korn" Wahrheit gefunden? Es konnte eigentlich nicht gelingen, das Spannungsfeld zwischen den militärischen Erfordernissen eines von NATO und Warschauer Pakt umgebenen neutralen Kleinstaats und der politischen, wirtschaftlichen und psychologischen Realität zu überbrücken. Welche Rolle sollten und konnten die Luftstreitkräfte, von vornherein gegenüber den Landstreitkräften durch eine Reihe von Faktoren benachteiligt, im künftigen Bundesheer spielen? Zwar lassen sich die Anfänge der Luftstreitkräfte mit Hilfe noch lebender Zeitzeugen und einiger erhaltener Unterlagen einigermaßen nachvollziehen, dahinterliegende Vorstellungen und Pläne, wie die Luftstreitkräfte in der österreichischen Sicherheitspolitik und im europäischen Umfeld positioniert sein sollten, sind sehr fragmentarisch oder gar nicht vorhanden. Die folgenden Ausführungen beziehen sich, dem Thema der Publikation angepasst, primär auf die Fliegertruppe als Kernelement der Luftstreitkräfte. Mit dem Beginn der Neuordnung Europas und den daraus resultierenden Veränderungen der Sicherheits- und Verteidigungspolitik Österreichs konnten die Luftstreitkräfte eine bedeutendere, vor allem „realistischere" Rolle spielen. Daher entschlossen sich die Autoren, die Teilung des Beitrags mit dem Ende des Kalten Kriegs festzulegen.

Die Luftstreitkräfte hatten von Anfang an mit erschwerten Rahmenbedingungen zu kämpfen, ein Vergleich mit der oft zitierten Schweiz ist nur sehr bedingt zulässig. Die geostrategische Lage des „neuen" Österreich ließ zwar nicht erwarten, primäres Kriegsziel zu werden, war aber mit seinen wichtigen Bewegungslinien (nördlich und südlich der Alpen, Tirol) als Auf- und Durchmarschgebiet für beide Militärblöcke prädestiniert. Doch selbst wenn man die Neutralität am Boden respektiert hätte, was neuere Forschungen zum Kalten Krieg ohnehin nicht annehmen, wäre der österreichische Luftraum als Angriffskorridor oder vorgeschobene Luftverteidigungszone mit Sicherheit genutzt worden. In den zehn Jahren seit Kriegsende machte die Militär- und Waffentechnik, insbesondere im Luftkriegswesen, riesige Fortschritte. Strahlgetriebene Kampfflugzeuge – 1955 stand schon die zweite Generation (Erstflug Draken Oktober 1955) in Erprobung – und Lenkwaffen für verschiedene Einsatzverwendungen (Boden-Luft, Luft-Luft usw.) bildeten das künftige Rückgrat von Luftstreitkräften. Dazu kam die fortschreitende Entwicklung des Hubschraubers als militärisches Instrument. Aber auch – obwohl von offizieller Seite nie seriös angesprochen – taktische Nuklearwaffen, deren möglicher Einsatz auf österreichischem Gebiet schon in den 1950er-Jahren von beiden Blöcken durchaus in Betracht gezogen wurde,

Die North American T-6 „Texan" war um 1955 in allen westlichen Luftwaffen als Schulflugzeug eingesetzt. Mehrmals wurden gebrauchte Maschinen angeboten, Österreich lehnte ab. 1959 stellten die USA dann zehn LT-6G zur Verfügung, die bei der Fliegerschulkompanie 2 in Hörsching zur Fortgeschrittenen-Ausbildung genutzt wurden. 1963 übersiedelte die Staffel nach Graz-Thalerhof.

Die Cessna L-19A/E diente bei den Luftstreitkräften fast vier Jahrzehnte als Schul-, Verbindungs- und Aufklärungsflugzeug. Die hier abgebildete L19A gehörte, wie das Wappen am Leitwerk zeigt, zum JaBo-Geschwader, Hörsching 1988.

Der Befehlshaber der Luftstreitkräfte Generalmajor Paul Lube, ca. 1960. Lube begann seine militärische Laufbahn im Bundesheer der Ersten Republik, war im Zweiten Weltkrieg als Generalstabsoffizier in verschiedenen Luftwaffenkommanden eingesetzt. 1956 trat er in das Bundesheer ein, wo er Leiter der Luftabteilung (1956–1965) und Befehlshaber der Luftstreitkräfte (1957–1971) wurde.

dürfen nicht unerwähnt bleiben. Der Artikel 13 des Staatsvertrags, das sogenannte „Raketenverbot", bedeutete eine die Existenz des Staates bedrohende Minderung der Verteidigungsfähigkeit im Luftraum, besonders unter dem gegebenen österreichischen Raum-Zeit-Kalkül. Die über die Jahre versuchten Bestrebungen, dieses Problem einer Lösung zuzuführen, scheiterten am Budget und am zu geringen politischen Stellenwert und erwecken aus heutiger Sicht den Anschein der Halbherzigkeit und Alibifunktion. Die Militärhilfe der USA im Rahmen des „Military Assistance Program" spielt in der Geschichte des Bundesheeres eine wichtige, aber nicht unumstrittene Rolle. Die praktisch komplette Erstausstattung der Landstreitkräfte erlaubte vordergründig eine Reduzierung des Heeresbudgets auf kaum mehr als die Personalkosten, die nach relativ kurzer Zeit zu erwartenden Folgekosten für die Erneuerung von Waffen und Ausrüstung wollte die Politik nicht sehen. Möglicherweise wäre es ohne US-Hilfe aber bei einer „Gendarmerie" geblieben, manche Aussagen von damaligen Spitzenpolitikern ließen eine derartige Variante nicht undenkbar erscheinen. Erst relativ spät übergaben die Vereinigten Staaten 29 Cessna L-19 „Bird Dog" (1958/59), zehn North American T-6 „Texan" (1959), sechs DeHavilland Canada L-20 „Beaver" (1960) und 17 Bell H-13 „Sioux" (1960), insgesamt 62 Luftfahrzeuge, eine Mischung aus Schul-, Verbindungs- und Transportflugzeugen. Die Gründe für die Nichtlieferung von Kampfflugzeugen sind auf beiden Seiten zu suchen. Einerseits bremste das österreichische Außenministerium aus neutralitätspolitischen Gründen, andererseits mögen den Amerikanern ob des kaum erkennbaren politischen Willens Zweifel über den Betrieb solcher Flugzeuge in Österreich gekommen sein. Zudem brachte die Libanon-Krise 1958 eine merkliche Verstimmung der USA hinsichtlich der österreichischen Haltung zu ihren zahllosen Überflügen mit sich. Die Luftstreitkräfte wären natürlich an F-86-Jägern und F-84-Jagdbombern interessiert gewesen, wenngleich der Betrieb von 36 oder mehr Kampfflugzeugen unter den damaligen Rahmenbedingungen nicht wirklich vorstellbar war. Im Gegensatz zur erhofften Vorstellung, die USA würden die kostenintensive und aufwendige Luftrüstung besonders unterstützen, schnitten die Luftstreitkräfte bei den Hilfslieferungen schlecht ab. Die Personalfrage stellte sich 1955/56 als schwierig dar. In den westlichen Besatzungszonen gab es die B-Gendarmerie, die den Grundstock an Kaderpersonal für das neue Bundesheer bildete. Die künftigen Luftstreitkräfte konnten nur bedingt auf diese Organisation, die über kein Luftelement verfügte, zurückgreifen. Die aus der B-Gendarmerie kommenden Offiziere und Unteroffiziere spielten bei der Aufstellung der Luftstreitkräfte aber trotzdem als Kaderpersonal der ersten Einheiten eine wichtige Rolle. Die Besatzungszeit war auch zehn Jahre „fliegerischer Stillstand" in Österreich. Man startete mit dem Erfahrungsstand von 1945, eine Ausnahme bildete nur die Entwicklung am Hubschrauber-Sektor. Von den ab 1956 in das Bundesheer eingetretenen kriegsgedienten Piloten hatten einige wenigstens zivile Lizenzen, meistens schweizerischen Ursprungs, erworben. Die Altersstruktur war ungünstig, mit 30 Jahren und älter begannen die meisten Flugzeugführer wieder mit der militärischen Fliegerei. Das bedeutete, dass das Gros der künftigen Einsatzpiloten möglichst schnell aus den ersten Wehrpflichtigen (Geburtsjahrgang 1937) oder Freiwilligen der sogenannten „weißen Jahrgänge" (1927–1936) zu bilden war. Weniger bekannt ist der Artikel 12 des Staatsvertrags, meist als „Oberst-Paragraph" bezeichnet; er verbot die Übernahme von Offizieren der Wehrmacht, die einen höheren Rang als Oberstleutnant innehatten, und erschwerte den Aufbau des Bundesheeres auf den höheren Führungsebenen, die künftigen Luftstreitkräfte waren in drei Fällen davon betroffen. Die Konsequenz daraus führte fast zwangsläufig zur Bestellung von zwei Oberstleutnanten und einem Major der Luftwaffe zur Führungsspitze der Luftstreitkräfte: Oberstleutnant Paul Lube zum Leiter der Luftabteilung bzw. Kommandanten der Luftstreitkräfte und Oberstleutnant Anton Mader zum Kommandanten des Fliegerführungskommandos. Major Josef Bizek, der praktisch der erste Angehörige der Luftstreitkräfte war, kam schon 1955 ins „Amt für Landesverteidigung".

Ein roter Faden blieb, der sich durch die Geschichte des Bundesheeres und der Luftstreitkräfte bis ins 21. Jahrhundert ohne Unterbrechung zieht: der mangelnde Wille der politischen Parteien, nach dem Erlangen der Freiheit die Sicherheits- und Verteidigungspolitik „mit allen zu Gebote stehenden Mitteln" zu gestalten, und daraus resultierend das Verteidigungsbudget, das, kommunizierend mit dem politischen Desinteresse und anfänglich durch US-Hilfslieferungen verzerrt dargestellt, nie den Notwendigkeiten personeller und materieller Art gerecht wurde.

Generalmajor Josef Bizek, der erste Angehörige der Luftstreitkräfte der Zweiten Republik. Bizek, 1935 in das Bundesheer der Ersten Republik eingetreten und im Zweiten Weltkrieg Kampfpilot und in Stabsfunktionen eingesetzt, meldete sich 1954 zur B-Gendarmerie. Im „Amt für Landesverteidigung" wurde er 1955 mit der Leitung der Abteilung „III/L" betraut, die die Keimzelle der Luftstreitkräfte war und aus der 1956 die „Luftabteilung" des Bundesministeriums für Landesverteidigung hervorging. In der 1957 bis 1965 festgelegten Organisationsform der Personalunion von Kommando der Luftstreitkräfte und Luftabteilung diente er als Chef des Stabes. Ab 1966 bis zu seiner Pensionierung im Jahre 1975 nahm er die Agenden des Leiters der Luftabteilung im BMLV wahr.

„Mit Improvisation und Idealismus ..."

Laut Gesetz war das im Juni 1955 im Bundeskanzleramt installierte „Amt für Landesverteidigung" für die Angelegenheiten der militärischen Luftfahrt zuständig. Zur Bearbeitung der daraus resultierenden Agenden schuf man im September 1955 die Abteilung „III/L", die Leitung übertrug man Major Josef Bizek, der aus der B-Gendarmerie kam. Die ersten Tätigkeiten der Abteilung III/L umfassten die Kontaktnahme mit den für den zivilen Luftverkehr zuständigen Stellen, Verhandlungen mit dem Bundeskanzleramt betreffend Personalfragen, Vorbereitungen für die baldige Aufstellung der ersten Einheiten und die Suche nach fachlich qualifiziertem Personal und nach geeigneten Flugplätzen, wobei sich Langenlebarn als vorerst am zweckmäßigsten herausstellte. Noch in der zweiten Hälfte des Jahres 1955 entstanden in der Abteilung III/L die ersten Planungen. In einem „Entwurf einer Organisation der Österreichischen Luftstreitkräfte", der natürlich vom geistigen Erbe der deutschen Luftwaffe geprägt war, konnte man feststellen, dass man das Aufgabenspektrum von Luftstreitkräften nach damaligem internationalen Standard weitestgehend erfüllen wollte. Allerdings wies das Papier gleich darauf hin, „das Erreichen dieses vorläufig geplanten Endzustandes hängt von der Beistellung der Geldmittel ab. Mit einer Zeitdauer von 10 bis 15 Jahren muss gerechnet werden." Im Detail beinhaltete der Ent-

Erster Flug mit einer Yak-11 im Jänner 1956, Besatzung: Oberstleutnant Gustav Hauck (3.v.r.) und Josef Laber (mit Fallschirm).

Langenlebarn 1955/56. Improvisation und Idealismus waren in den Anfängen der Luftstreitkräfte sehr gefragt.

Die vier Yak-18 im Verbandflug, Mai 1958. Nach der Verwendung zur Einweisung der kriegsgedienten Flugzeugführer dienten die Yak-18 ab 1957/58 zur Verbandflugschulung bei der Fliegerschulkompanie 2 in Hörsching.

Zur Grundschulung wurden 1956/57 unter Zeitdruck Piper Pa-18 beschafft, die in Zeltweg stationiert waren. Im April 1957 begann die Fluggruppe 1, die mehrheitlich aus im Oktober 1956 eingerückten Grundwehrdienern bestand, mit der fliegerischen Ausbildung.

wurf ein Luftverteidigungskommando (ca. 80–120 Jagdflugzeuge, FlA-Lenkwaffen) und ein Kommando mit taktischen Fliegerverbänden, fliegerischen Ausbildungseinheiten, den Führungs- und Flugmeldekomponenten, einer FlA-Brigade und dem technisch-logistischen Apparat. Die geschätzten Kosten für die geforderten 438 Flugzeuge, Bodeneinrichtungen, Radargeräte und Flugsicherungsausrüstung beliefen sich auf ca. 4,3 Milliarden Schilling (Basis 1956), wobei die FlA-Waffen, die Infrastruktur, die Kfz-Ausrüstung und etwaige Luftschutz-Truppen unberücksichtigt blieben. In weiterer Folge reduzierte man die Kräfte Schritt für Schritt, aber auch diese immer wieder verringerten Strukturen waren zu groß. Wenn man sich am viel zitierten schweizerischen Vorbild orientierte, hatte man aber mit einem Kräfteansatz von 200 bis 400 Luftfahrzeugen durchaus realistische Vorstellungen über die notwendigen Luftkriegsmittel eines neutralen Kleinstaats zwischen zwei Militärblöcken zugrunde gelegt. Einige Fragen blieben 1955/56 und in den Jahren danach unbeantwortet. So konnte man mangels eines militärstrategischen Konzepts und der daraus abzuleitenden Rolle der Luftstreitkräfte luftkriegsspezifische Schwerpunktsetzungen nicht klar definieren: Luftverteidigung, taktische Luftunterstützung oder nur Heeresfliegerkräfte? Der Wunsch des Heeres nach Luftunterstützung (= Feuerunterstützung) war von Anfang an nicht zu übersehen und aus den Kriegserfahrungen der von Heeresoffizieren dominierten Führungselite im Ministerium durchaus verständlich. Das änderte nichts an der Tatsache, dass „Air Power" eine weitaus „breitere" Rolle für sich in Anspruch nahm, der neutrale Kleinstaat aber mit größter Wahrscheinlichkeit die „Luftverteidigung", die Hinderungspflicht im Luftraum, als ersten Schritt in einem Konflikt zu setzen hatte. Die Luftstreitkräfte selbst waren sich dessen bewusst, nur schien es, als wollte die Heeresführung das Problem des fehlenden „Luftschirms" verdrängen. Finanzielle Mittel zur Stärkung der Luftstreitkräfte standen nie zur Diskussion, Generaltruppeninspektor Erwin Fussenegger stellte im Februar 1959 fest: „Wir müssen trachten, aus den 2 Milliarden das Höchstmögliche herauszuholen, denn mehr Geld werden wir in den nächsten Jahren nicht bekommen. Meines Erachtens wird eine wesentliche Reduzierung aller Forderungen der Luftstreitkräfte durchzuführen sein …"

Die vier Zlin 126 dienten ab der Fluggruppe 1 zur Kunstflugausbildung, ca. 20 Flugstunden musste jeder Flugschüler darauf absolvieren.

Hauptmann Stangl, der erste Schüler des „Hubschraubervaters" Gustav Hauck, landet mit dem Bell 47G2, dem ersten Hubschrauber des Bundesheeres, in Langenlebarn, Jänner 1957.

Die Alouette II waren bei der Beschaffung Ende der 1950er-Jahre sehr moderne Turbinen-Hubschrauber und haben sich auch bis zum Verkauf der letzten Maschinen im Jahr 1975 sehr bewährt. Aigen 1972.

Im Herbst 1955 drängte die Zeit, die Sowjetunion hatte bereits die Lieferung von Schulflugzeugen avisiert. Major Bizek beauftragte Oberleutnant Daniel Falch mit den notwendigsten Vorbereitungen zur Aufnahme des Flugbetriebs in Langenlebarn. Mit Wirkung vom 18. Oktober 1955 entstand das „Flugplatzkommando Langenlebarn", quasi die erste Einheit der Luftstreitkräfte.

Mitte November 1955 trafen tatsächlich vier Yak-18 und vier Yak-11 in Kisten verpackt in Langenlebarn ein, und der Zusammenbau konnte durch das in der Umgebung von Tulln zusammengesuchte Personal und unter Aufsicht eines sowjetischen Ingenieurs beginnen. Im November 1955 kam auch Polizei-Oberstleutnant Gustav Hauck mit der Motorfliegerschule des Innenministeriums nach Langenlebarn. Eine gemeinsame fliegerische Ausbildung von Innenministerium und Bundesheer kam aber nicht zustande. Oberstleutnant Hauck blieb in Langenlebarn und wurde im Dezember 1955 zum Bundesheer abkommandiert, um vorerst die Leitung der fliegerischen Ausbildung bei der im April 1956 aufgestellten „Fliegerschule Langenlebarn" zu übernehmen.

Am 9. Dezember 1955, um 10 Uhr 01 hob Oberstleutnant Hauck mit der ersten Yak-18 von der Piste des Flugplatzes Langenlebarn ab und setzte nach 52 Minuten wieder sicher dort auf. Nach 17 Jahren Krieg und Besatzungszeit flog erstmals wieder ein militärisches Luftfahrzeug der Republik Österreich und setzte ein signifikantes Lebenszeichen der österreichischen Militärluftfahrt. Oberst Bizek schrieb dazu später über diese ersten Stunden der Fliegertruppe in der Zweiten Republik: „Die bisher geleistete Aufbauarbeit begann mit einer Reihe von Improvisationen, die nur von begeisterten Fliegern und einem hochqualifizierten, mit Idealismus der Fliegerei dienenden technischen Personal gemeistert werden konnten." Nach der 1956 erfolgten Installierung des Bundesministeriums für Landesverteidigung und der Eingliederung der Abteilung III/L als Luftabteilung in die Sektion II – bei gleichzeitiger Verwendung als vorläufiges Kommando der Luftstreitkräfte – entstand mit 1. Jänner 1957 das „Kommando der Luftstreitkräfte", das nun in Personalunion mit der Luftabteilung zugleich ministerieller Apparat und Truppenkommando war. Die Anlehnung an das „KoLu" der Ersten Republik war offensichtlich und mangels alternativer Vorbilder logisch. Oberst Lube wurde als Befehlshaber, Oberst Bizek als Chef des Stabes bestellt. Ab 1956 kamen dann doch viele ehemalige Offiziere mit Kriegserfahrung zu den Luftstreitkräften. Darunter war auch Oberstleutnant Mader, der Kommandant des ebenfalls neu aufgestell-

Neben den Alouette II gehörten die Transporthubschrauber Westland S-55 „Whirlwind" zur 1. Hubschrauberstaffel. Sie wurden relativ bald (ab 1963) durch die moderneren Agusta Bell AB-204B ersetzt. Mai 1960.

ten Fliegerführungskommandos wurde und damit die Fliegertruppe befehligte. Der Aufbau der Luftstreitkräfte konnte 1956/57 durch die Aufstellung der ersten Schuleinheiten und Arbeitsstäbe für die fliegerische Ausbildung, den Fernmelde- und Flugmeldebereich und die Fliegerabwehr weiter vorangetrieben werden.

Meilensteine waren sicherlich die Aufnahme der fliegerischen Ausbildung mit dem ersten Wehrpflichtigen (ET Oktober 1956) im März 1957 und die Übernahme der ersten Düsenflugzeuge (drei DeHavilland Vampire Trainer) bei der „JaBo-Schulstaffel" in Graz-Thalerhof im folgenden Monat.

Während die Ausbildung auf Flächenflugzeugen recht improvisiert ablief, weil man durch den vorerst nicht erfolgten Zulauf amerikanischer Schulflugzeuge schnell Maschinen (Piper Pa-18, Zlin-126) kaufen musste, konnte sehr bald eine relativ beachtliche Anzahl Hubschrauber in Dienst gestellt werden. Der Leiter der Fliegerschule Langenlebarn Oberstleutnant Hauck hatte während seiner Dienstzeit im Innenministerium einen Hubschrauberlehrgang in der Schweiz absolviert und durfte bei der US Army in Salzburg an einer Hubschrauberausbildung teilnehmen. Noch Ende 1955 konnte er den Ankauf eines Bell 47G2 bei Minister Ferdinand Graf erreichen, er selbst überstellte die Maschine Ende Jänner 1956 von Paris nach Langenlebarn. Mit dem Zulauf von mehreren Agusta Bell AB-47G2 konnte bald der Schulbetrieb aufgenommen werden, bevor im Sommer 1957 die „leichte Hubschrauber-Schulstaffel" in Langenlebarn aufgestellt wurde. Oberstleutnant Hauck musste vorerst wie bei der Flächenausbildung auf kriegsgediente Piloten zurückgreifen, dabei betraten diese absolutes Neuland. Eine Ausnahme war der erste Schüler Haucks, Hauptmann Josef Stangl, der 1945 die einzige Hubschraubereinheit der deutschen Luftwaffe (Transportstaffel 40) geführt hatte. Oberstleutnant Hauck, der gerne der „österreichische Hubschraubervater" genannt wurde, verstand es trefflich, die Vorzüge des Hubschraubers in Österreich immer wieder zu demonstrieren. Ein militärisches Fluggerät, das für zivile Zwecke ebenso verwendet werden konnte, war politisch leichter vertretbar und die Beschaffung stieß daher auf weniger Widerstand. Schon 1958 erfolgte die Aufstellung der 1. Hubschrauberstaffel in Hörsching, sie war die erste Einsatzeinheit der Fliegertruppe. Mit den noch ab Frühjahr gelieferten sechs Alouette II (insgesamt 16) und sechs Westland S-55 „Whirlwind" (insgesamt zehn) konnte die 1. Hubschrauberstaffel bereits eine Reihe von militärischen und zivilen Aufgaben erfüllen, speziell die Gebirgsfliegerei entwickelte sich hervorragend.

„… Im Interesse des Neutralitätsschutzes …"

Im Jahr 1956 hatte das Österreichische Bundesheer mit dem Sicherungseinsatz an der ungarischen Grenze seine erste Bewährungsprobe zu bestehen. Die Luftstreitkräfte konnten dabei keine Rolle spielen, denn sie hatten zu diesem Zeitpunkt gerade die erwähnten acht Yak-18/11 und einen Hubschrauber Bell 47G2 zur Verfügung. So befahl das Bundesministerium für Landesverteidigung am 24. Oktober nur, einen Hubschrauber und eine Yak-11 für eventuelle Erkundungsflüge am nächsten Tag bereitzuhalten. Es gab dann auch einige Flüge mit der Yak-11 und dem Bell-47.

Zwar zollte man im Ausland Österreich für den Einsatz seines erst einige Monate alten Bundesheeres Respekt, Österreichs Luftraum war aber völlig ungeschützt. In den Erfahrungsberichten nach Beendigung der Krise stellte man u.a. fest, dass nur mit einer modernen Luftraumüberwachung die Verhinderung von Luftraumverletzungen möglich sei, zusätzlich forderte man die Stärkung der Fliegerabwehr.

Die Libanon-Krise im Sommer 1958 machte dann endgültig klar, dass der Verzicht auf die Kontrolle des Luftraums recht schnell zu einer prekären Situation führen konnte. Die zahlreichen, nicht zu übersehenden Überflüge von US-Maschinen von Deutschland über Tirol nach Italien zwangen die Regierung, die seit 1955/56 eine recht „großzügige" Haltung zu amerikanischen Überflugsansuchen eingenommen hatte, zum Handeln. Man verlegte die drei Vampire-Trainer und zwei Yak-11 nach Innsbruck. Dies konnte aber nur als

Die Yak-11, von den Sowjets als „Jagd-Schulflugzeuge" bezeichnet, spielten in der Ausbildung keine wesentliche Rolle und wurden fast nur von kriegsgedienten Piloten geflogen. Man verwendete sie aber in den Krisensituationen 1956 und 1958 zur Überwachung des Luftraums. Langenlebarn 1958.

Ab 1959 beschafften die Luftstreitkräfte insgesamt 18 Fouga Magister CM-170 zur Grundausbildung der Düsenpiloten. 1970 erfolgte die Ablösung durch die Saab 105 OE.

De Havilland DH-115 „Vampire" in Graz-Thalerhof, ca. 1961/62. Da die Maschinen für die Düsengrundschulung nicht besonders geeignet waren, wurden sie 1963 von der JaBo-Schulstaffel an das JaBo-Geschwader 1 in Hörsching abgegeben. Dort wurden sie primär als Trainer für die Saab J-29F „Tunnan" (Tonne) genutzt.

Flightline der Saab J-29F in Wien-Schwechat, 1961/62. Die „Tonnen" mussten nach ihrer Ankunft in Österreich ein Jahr von Schwechat aus betrieben werden, weil in Hörsching noch die Infrastruktur fehlte und Klagenfurt den Betrieb verweigerte.

Landung von drei Saab 91D Safir am Fliegerhorst Zeltweg, 1977.

Mit der Beschaffung der Agusta Bell AB-204B ab 1963 erhielten die Luftstreitkräfte den damals modernsten Transporthubschrauber, der über 35 Jahre für militärische und zivile Aufträge genutzt wurde.

symbolische Geste des guten Willens gewertet werden, außerdem gab es noch keine elektronische Luftraumüberwachung, die ersten mobilen Radargeräte wurden erst im Herbst 1958 geliefert. Die Krise und ihre politischen Auswirkungen – die Sowjets sprachen u.a. von „eigenartiger" Neutralität und von „Hilfe" – beschleunigten aber unbestritten die Beschaffung entsprechender Flugzeuge und den Aufbau eines Radar-Überwachungssystems.

Schon in einem Geheimpapier des Bundesministeriums für Landesverteidigung vom Frühjahr 1958 war man zur Einsicht gekommen, dass wenigstens „zwei Staffeln Kampfflugzeuge" als Minimallösung für die Wahrung der Lufthoheit und den Schutz der Neutralität benötigt würden. Der noch im Herbst 1958 beschlossene Kauf von 14 Fiat G-91 wurde 1959 vermutlich aus finanziellen Gründen storniert, wobei die G-91, die ja als leichter Jagdbomber konzipiert war, noch weniger als die dann in Erwägung gezogenen Typen MiG-17, North American F-86F und Saab J-29F die geforderte Rolle als „Jagdflugzeug" hätte erfüllen können. Man entschied sich im Dezember 1960 für 30 Saab J-29F, 15 kamen im Juli 1961 nach Österreich und 15 weitere, auch als Aufklärer verwendbare Maschinen im darauffolgenden Jahr. Damit konnte man bis 1963 das JaBo-Geschwader 1 als ersten taktischen Kampfverband aufstellen. Zusammen mit dem 1962 begonnenen Bau der Radarstation auf dem Kolomannsberg entstand so der Grundstein für ein Luftraumüberwachungssystem, dessen weiterer Aufbau allerdings durch technische und personelle Probleme mit der J-29F und Schwierigkeiten beim Bau der Großraumradarstation – die zweite Station im Osten (Schneeberg) konnte überhaupt nicht in Angriff genommen werden – wesentlich länger dauerte als ursprünglich vorgesehen.

1962 hatte es noch einen Versuch gegeben, Luftstreitkräfte nach internationalem Standard vorzuschlagen. Die Realisierungsmöglichkeit derartiger Konzepte hatte aber de facto nie existiert, man musste mit der oben zitierten österreichischen Variante vorliebnehmen. Das Budget ließ die Durchführung der seit 1955 immer wieder revidierten Planungen nicht zu, die militärische Führung des Bundesheeres hatte außerdem mehrmals eindeutig zu verstehen gegeben, dass bei den gegebenen finanziellen Möglichkeiten die Luftstreitkräfte ihre Wünsche zurückzustellen hatten.

Auf der Habenseite konnten die Luftstreitkräfte die 1964/65 mit den neuen Saab 91D „Safir" begonnene Vereinheitlichung der fliegerischen Ausbildung verbuchen, die vielgelästerte „Schmetterlingssammlung" gehörte der Vergangenheit an. Die wichtigsten Beschaffungen Mitte der 1960er-Jahre betrafen erneut die Hubschrauber. Mit den 26 Agusta Bell AB-204B (ab 1963) und den 1967 eingeführten Alouette III (24+3) verfügte man über eine moderne Flotte, die sich auch bestens bewährte (z.B. Naturkatastrophen 1965/66).

„Krisenhafte Situation"

Zunehmend schwierig gestalteten sich bis Mitte der 1960er-Jahre Personalfragen. Ein Überhang von älteren, noch kriegsgedienten Offizieren führte in Ermangelung entsprechender Dienstposten bei der Truppe zur Abwanderung in höhere Kommanden und ins Ministerium, eine Ausweitung der Stäbe war logisch. Gravierend war der Abgang einer großen Zahl von Piloten und Technikern, vor allem von Unteroffizieren, die infolge eines unbefriedigenden Laufbahnbilds und aus finanziellen Gründen die Uniform auszogen, um in der kommerziellen Luftfahrt wesentlich mehr Geld zu verdienen. Das führte u.a. dazu, dass nur mehr Offiziere zur Jet-Ausbildung zugelassen wurden, die Problematik blieb in Abhängigkeit von der jeweiligen Wirtschaftsentwicklung aber auch mit den Offizierspiloten erhalten. Eine möglichst hohe, ständige Einsatzbereitschaft des Bundesheeres sollte durch die „Heeresgliederung 1962" mit der Trennung in „Einsatz- und Ausbildungstruppen" erreicht werden. Die Umgliederung der Luftstreitkräfte erfolgte erst 1966 und führte auf der höheren Kommandoebene zu einer Aufsplitterung der Agenden des „Kommandos der Luftstreitkräfte" auf diverse Abteilungen. Dem Kommando waren nun zwei Brigaden und die FliegerTel-Abteilung unterstellt. Die Fliegerbrigade befehligte zwei Regimenter,

Die 2. Staffel des JaBo-Geschwaders verlegte 1968 von Hörsching nach Graz und flog dort die Saab J-29F bis zur endgültigen Außerdienststellung 1972. Mit dem Eintreffen der ersten Saab 105 OE in Hörsching kamen 1970 alle dort verbliebenen J-29F ebenfalls nach Graz.

Die 1967 fertig gestellte Großraumradarstation auf dem Kolomannsberg bei Mondsee blieb bis zum Bau des Systems Goldhaube die einzige ortsfeste Anlage dieser Art. Im Vordergrund der R-Turm mit dem Rundsuchradar und dahinter der H-Turm mit dem Höhenmess-Radar.

Die zwei Sikorsky S-65OE wurden 1970 ursprünglich für Katastrophenfälle gekauft, kamen aber dafür nie wirklich zum Einsatz. Aufwendig und teuer im Betrieb, für Österreich nicht unbedingt geeignet, verkaufte man sie 1981 überraschend an Israel.

Ursprünglich sollten sechs Short SC-7 „Skyvan" beschafft werden, tatsächlich waren es dann zwei Maschinen, die bis 2007 im Dienst blieben. Zeltweg, ca. 1974/75.

das Fliegerregiment 1 als Einsatz- und das Fliegerregiment 2 als Ausbildungsverband, das Ja-Bo-Geschwader 1, drei Fliegerhorstabteilungen mit allen Bodendiensten und ein Stabsbataillon. Die Aufstellung der 2. Brigade, der Luftabwehrbrigade, muss man in Zusammenhang mit dem Bestreben des damaligen Ministers Georg Prader sehen, einen „Luftverteidigungsverband" aufzustellen und die Einführung – in der Regierungserklärung Klaus vom April 1966 festgehalten – von Fliegerabwehrlenkwaffen vorzubereiten. Die Neuinterpretation des Artikels 13, die Österreich den Besitz von „Luftabwehrraketen zu defensiven Zwecken" erlauben sollte, misslang. Die Luftabwehrbrigade blieb auf Grund der nicht realisierbaren Planungen am FlA-Lenkwaffen-Sektor ein Torso und führte bis zu ihrer Auflösung im Jahre 1973 ein Schattendasein. Die J-29F waren von vornherein als Übergangslösung auf ca. fünf Jahre gedacht, denn nur ein Flugzeug der zweiten Generation konnte die Leistungsparameter als Abfangjäger in der engen österreichischen Raum-Zeit-Relation erbringen.

Die „Luftraumverteidigungskommission", die 1964 von Minister Prader installiert wurde, entschied sich 1966 für die Evaluierung der Typen Northrop F-5A, Saab J-35D „Draken", Douglas A-4E „Skyhawk" und Dassault Mirage IIIE. Das Evaluierungsteam bewertete zwischen September 1966 und Februar 1967 die Maschinen und sah die Mirage IIIE als bestes System. Allerdings war sie teurer und technisch anspruchsvoller als der Draken. Letztendlich ging der Draken als „Sieger" aus dieser Evaluierung hervor. Die Luftraumverteidigungs-Kommission schlug am 18. Juli 1967 mehrheitlich die Beschaffung von einer Staffel (12) Saab 105XT als neues Schulflugzeug und von zwei Staffeln (24) Saab J-35 „Draken" vor. Am 19. Juli 1967 beschloss der Minister die Beschaffung von zwei Staffeln (20) Saab 105XT. Erst nach Ausbau der erforderlichen Infrastruktur und technischen Einrichtungen war die Beschaffung einer Staffel (12) „2-Mach-Flugzeuge der Saab-Reihe" beabsichtigt. Der Landesverteidigungsrat billigte tags darauf dieses Programm, das auch die Beschaffung von zwölf Agusta Bell AB-206A „Jet Ranger", zwei Sikorsky S-65OE und zwei Short SC-7 „Skyvan" umfasste.

Diese Entscheidung bedeutete eine herbe Enttäuschung für die Luftstreitkräfte und ließ befürchten, dass noch weitere Saab 105 bestellt würden, wenngleich der Minister in der Öffentlichkeit gerne von der „Interzeptionsspitze", also den Abfangjägern, sprach.

Obwohl die Saab 105 OE sich in ihrer nun schon 40-jährigen Verwendungszeit sehr bewährt haben, machte man mit der 105 nach dem Kampfflugzeug J-29F einen Schritt zurück zum bewaffneten Schulflugzeug.

Die Bestellung der 20 aus der Version XT abgeleiteten Saab 105 OE erfolgte im Juli 1968. Der Einmarsch der Warschauer-Pakt-Staaten in die ČSSR drängte im August 1968 alle Beschaffungsfragen vorerst in den Hintergrund, zeigte aber erneut die dringende Notwendigkeit einer effizienten Luftraumüberwachung. Die Luftstreitkräfte standen ab den Morgenstunden des 21. August im Einsatz, wobei das Schwergewicht auf der Grenzüberwachung (primär mit L-19 und H-13H) lag, das JaBo-Geschwader führte mit den J-29F in den ersten Tagen fast permanent Patrouillenflüge durch. Es gab zahlreiche Grenzverletzungen durch sowjetische Luftfahrzeuge, meist Navigationsfehler. Schwerwiegend waren die weit über österreichisches Territorium führenden Aufklärungsflüge. Die Registrierung dieser Einflüge durch die Flugmeldeorganisation und durch Sicherheitsorgane an der Grenze ermöglichten der Regierung, dagegen zu protestieren. Die schleppende Behandlung der Proteste und die Unverfrorenheit, mit der sich die sowjetische Luftwaffe im österreichischen Luftraum bewegte, ließen allerdings unangenehme Rückschlüsse auf den Stellenwert der österreichischen Neutralität in den Augen der Sowjets zu. Die Bundesregierung spielte die sicher nicht einfach zu beurteilende Krise zu einer „krisenhaften Situation" herunter, die Unfähigkeit, den Luftraum zu schützen, war aber evident. Die J-29F waren dazu nicht in der Lage: die ungünstige Zeit-Raum-Relation, die mangelnde Bewaffnung, das fehlende Bordradar, die noch nicht verfügbaren Führungsdienste ... Insgesamt meisterten die Luftstreitkräfte – im Rahmen ihrer Möglichkeiten – die Situation durchaus zufriedenstellend, die Schwachpunkte waren hinlänglich bekannt. Die nach der Krise begonnene öffentliche Diskussion über den Einsatz und die Ausrüstung des Bundesheeres befasste sich in Anbetracht der vielen Luftraumverletzungen natürlich stark mit den Luftstreitkräften, allerdings ohne Ergebnis.

Entsprechend passte dann auch die Beschaffung von 20 weiteren Saab 105 OE, gegen den Willen der Luftstreitkräfte. Die Folgen waren für die weitere Entwicklung der Luftstreitkräfte äußerst negativ und führten zu einem jahrelangen Hinterherhinken bei der technischen und taktischen Weiterentwicklung. Die Saab 105 war eben nur ein bewaffnetes Schulflugzeug, auch wenn man versuchte, sie mangels Alternativen als „Abfangjäger" und zur Unterstützung der Landstreitkräfte einzusetzen.

Heeresfliegerkräfte und Raumverteidigung

Die öffentliche Meinung über das Österreichische Bundesheer war um 1970 auf dem Tiefpunkt angelangt, der von der politischen Führung nur widerwillig befohlene Einsatz im Sommer 1968, die politisch bereits diskutierte Verkürzung der Wehrdienstzeit und das Wissen der Militärs, dass das operative Konzept dringend einer Änderung bedurfte, musste Folgen haben. Die Einflüge der Sowjets im Sommer 1968 und die Erkenntnisse aus der Übung „Bärentatze" im Herbst 1969 wiesen den österreichischen Luftraum als besonderen Schwachpunkt aus und beeinflussten die Entwicklung der Raumverteidigung zu einem weitgehend statischen Konzept unter Annahme der feindlichen Luftherrschaft. Zahlen aus den 1970er-Jahren gingen z.B. im Fall eines Angriffs des Warschauer Pakts auf die NATO (über Österreich) je nach Ansatz (Ungarn und/oder ČSSR) von 600 bis 1000 Einsätzen (sorties) pro Tag im Raum Österreich aus.

Die im Mai 1970 konstituierte „Bundesheer-Reformkommission" hatte den Auftrag, unter Berücksichtigung der Wehrdienstzeitverkürzung ein Konzept für eine Umstrukturierung des Bundesheeres mit dem Schwergewicht Landwehr auf Milizbasis und ein neues Verteidigungskonzept, das dann vorerst „Gesamtraumverteidigung" genannt wurde, auszuarbeiten. Der Arbeitsausschuss

Saab 105 OE mit dem Aufklärungsbehälter bei einer Übung in Klagenfurt, ca. 1990. Auch die taktische Luftaufklärung wurde wegen der hohen Kosten für eine neue Ausrüstung Anfang der 1990er-Jahre eingestellt.

Die zweite Tranche Alouette III, die ab 1973 nach Aigen ausgeliefert wurde, war für eine Bewaffnung mit Panzerabwehrlenkwaffen vorbereitet. Im Bericht des Aufstellungsstabs „BT" (Bereitschaftstruppe) schlugen die Experten die Bewaffnung auch vor – ohne Erfolg.

Primär wurden die Agusta Bell AB-206A als Schulhubschrauber genutzt, im Einsatz sollten sie als Verbindungshubschrauber dienen, so wie hier bei der Raumverteidigungsübung 1982. Das gelbe Rechteck bedeutet, dass der AB-206 zur Übungsleitung gehörte.

1976 kaufte das Bundesheer zwölf PC-6 „Turbo Porter", diese Entscheidung fand heeresintern nicht überall Zustimmung. Doch die PC-6 bewährte sich als kostengünstiges, von jedem Feld aus einsetzbares Mehrzweckflugzeug. Perg 1988.

„Operative Führung" stellte fest: „Der Luftkrieg in allen seinen Erscheinungsformen ist ein integrierender und entscheidender Bestandteil bewaffneter Auseinandersetzungen. Alle einseitigen Aufwendungen zugunsten eines Teils des Bundesheeres lassen daher noch keineswegs einen Gesamterfolg erwarten, wenn nicht dazu die Leistungsfähigkeit der Luftstreitkräfte berücksichtigt wird." Unter Verweis auf die im Auftrag der Bundesregierung an die Landesverteidigung 1965 nicht explizit erwähnten Aufgaben der Luftstreitkräfte formulierte man Aufträge für den Krisen-, Neutralitäts- und Verteidigungsfall, die dann auch in die Verteidigungsdoktrin 1975 eingingen. Die Zielsetzung für den Ausbau der Luftstreitkräfte sollte das „Erreichen eines internationalen Standards vergleichbar mit der Schweiz" sein. Zu ähnlichen Ergebnissen kam auch das „Luftstreitkräfte-Aufbaukonzept" der Luftabteilung. Darin wurden insbesondere die

Der Bell OH-58B „Kiowa" blieb seit seiner Einführung im Jahre 1976 der einzige bewaffnete Hubschrauber, hier beim Schießen in Allentsteig 1985.

Österreich war 1983 einer der ersten Kunden, der bei Pilatus den PC-7 Turbo-Trainer kaufte. Die Ausbildung konnte im Vergleich zum Vorgängermuster Saab Safir wesentlich modernisiert werden. Raum Zeltweg, März 1984.

selbstständigen Aufgaben (aktive und passive Luftraumüberwachung) im Frieden und in der Krise betont.

Im Gegensatz dazu standen die Planungen zur „Heeresgliederung 72", die trotz heeresinterner Kontroversen im Mai 1972 vom Ministerrat genehmigt wurde und auf die „Gesamtraumverteidigung" mit dem Schwergewicht Landwehr und einen „harten Kern", die „Bereitschaftstruppe" (BT), ausgerichtet war. Im Zuge der „HG 72" kam es zur Auflösung des Kommandos der Luftstreitkräfte und dadurch bedingt zu wesentlichen Änderungen: Im neuen „Armeekommando" entstand die „Generalstabs-Abteilung Luft" (AK/GL) als operative Führungsspitze mit der Einsatzzentrale. In der Praxis ergab sich aus der „HG 72" allerdings eine weitgehende Zersplitterung der Luftkriegs-Agenden. Besondere Empörung rief bei den „Fliegern" die Umbenennung in „Heeresfliegerkräfte" hervor.

Die Bewaffnung der Saab 105 OE, hier mit je zwei Kanonenbehältern, blieb bis heute eine unlösbare Angelegenheit. Die finanziellen Mittel für eine dem Einsatzzweck adäquate Waffenausstattung wurden nie zur Verfügung gestellt.

Mit Raketenbehältern bewaffnete PC-7 auf dem Feldflugplatz Punitz, Sommer 1988. Der damalige Einsatzauftrag sah Überwachungsaufgaben und die Bekämpfung von Hubschraubern vor.

Im Herbst 1972 setzte man einen „Aufstellungsstab BT" ein, der auch die Zukunft der „Heeresfliegerkräfte" behandeln sollte. Es war kein Zufall, dass man dabei zu ähnlichen Ergebnissen kam wie die Bundesheer-Reformkommission bzw. die Luftabteilung. Die Forderungen beinhalteten die Bewältigung der bereits früher postulierten „selbstständigen" und „verbundenen" Aufgaben der Luftstreitkräfte in Friedenszeiten und im Krisen-, Neutralitäts- und Verteidigungsfall. Für die Fliegertruppe hätte dies vorerst für die Zwischenstufe die Beschaffung von 24 Jagdflugzeugen, zwölf Kampfhubschraubern (bei gleichzeitiger Bewaffnung der vorhandenen Alouette III) und mehreren Aufklärungs- und Transportmaschinen bedeutet. In der Endstufe sollten die Luftstreitkräfte u.a. mit einem FlA-Lenkwaffen-Bataillon, je einem zweiten Jagdgeschwader bzw. Transporthubschrauber-Geschwader und einer stark erweiterten Bodenorganisation auf Mob-Basis für die Dislozierung auf Einsatz- und Feldflugplätzen weiter ausgebaut werden.

Die Realität divergierte aber beträchtlich. Ein „Arbeitsstab Heeresfliegerkräfte" musste eine endgültige, der Heeresgliederung 72 oder „HG 72" entsprechende Organisation ausarbeiten, als Richtlinien galten die bisherige Geschwaderanzahl, die Errichtung einer Fliegerschule und das vorhandene fliegerische Gerät. Nicht behandelt werden durfte die Frage der FlA-Lenkwaffen. Letztendlich entstand eine „standort-bezogene" Organisation, in der drei Fliegerregimenter die Einheiten und Verbände ihres territorialen Bereichs, von einigen Ausnahmen abgesehen, zu führen hatten.

Vorerst wurde mit Juli 1975 aus der „Fliegerbrigade" die „Fliegerdivision", im Herbst 1976 kam es dann zur Aufstellung bzw. Neugliederung der drei Fliegerregimenter und der direkt unterstellten Verbände, die großteils auch schon vor der „HG 72" vorhanden waren. Neu entstanden drei Luftabwehrbataillone und das Überwachungsgeschwader.

Die Entschließung des Nationalrats über die „Verteidigungsdoktrin" brachte 1975 mit dem Auftrag zur Erstellung eines „Landesverteidigungsplans" den politisch-strategischen Überbau für das nun als „Raumverteidigung" bezeichnete Konzept. Der 1978 fertige militärische Teil des Landesverteidigungsplans diente in der Folge als Grundlage für alle weiteren Planungs- und Realisierungsschritte. Die Heeresfliegerkräfte konnten bis zum Ende des

Seit 1980 sind die AB-212 das Hauptelement des Lufttransports, sowohl im militärischen Einsatz als auch für zivile Bedarfsträger, insbesondere im Katastrophenfall. Die Maschinen haben sich, wie ihr Vorgängermuster AB-204B, bis heute sehr bewährt. Tiefflugstrecke im Hausruckviertel, 1981.

Kalten Kriegs mit Ausnahme der Luftraumüberwachung im Frieden und Krisenfall nur eine sehr eingeschränkte Rolle spielen. Primäres Hindernis für den adäquaten Ausbau der Luftkomponente in der Raumverteidigung war natürlich die ungenügende Dotierung des Verteidigungsbudgets und in weiterer Folge die heeresinterne Prioritätensetzung.

So konnte die Fliegertruppe zwischen 1971 und 1991 – unter Ausklammerung des Saab S 35 OE Draken – nur vier neue Luftfahrzeugtypen in Betrieb nehmen, nämlich 1976 zwölf Bell OH-58B „Kiowa" (bewaffnet) und zwölf Pilatus PC-6 „Turbo Porter", 1980 24 Agusta Bell 212 als doch beträchtliche Verstärkung der Transportkapazität und 1983 16 Schulflugzeuge Pilatus PC-7 „Turbo Trainer" als Ersatz für die alten Saab Safir.

Während die leichten Fliegerkräfte mit Hubschraubern und Flächenflugzeugen in Teilen ihren Auftrag zur Luftunterstützung leisten konnten, blieb die seit Anbegin im Jahre 1956 immer wieder vom Heer geforderte Feuerunterstützung maximal ein Fragment. Erstens war die Saab 105 OE als Jagdbomber (u.a. kein Selbstschutz) nur sehr bedingt einsetzbar, und zweitens gelang es zu keiner Zeit, eine adäquate Bewaffnung (z.B. Streubombe BL755) zu beschaffen. Ähnliches galt auch für die taktische Aufklärung. Zwar hatte man mit der Saab 105 Aufklärungsbehälter gekauft, die Kameraausrüstung veraltete aber bald und für einen Ersatz fehlte das Geld. Zudem gelang es nicht, eine dem Verteidigungsfall entsprechende „Kriegsinfrastruktur" mit behelfsmäßigen Einsatzflugplätzen (zivile Flugplätze, Autobahnen) zur „Taktik des laufenden Ortswechsels" zu schaffen. Die leichten Fliegerkräfte konnten dagegen ohne Probleme auf Feldflugplätze verlegt werden und übten dies regelmäßig.

Die Heeresgliederung 1987 stoppte den weiteren Ausbau der Raumverteidigung zugunsten einer Konsolidierung auf der Zwischenstufe. Das in der Öffentlichkeit vor allem durch seinen wichtigsten Protagonisten General Spannocchi bekannte und akzeptierte, im Ausland mit Interesse und Anerkennung verfolgte Verteidigungssystem („Spannocchi-Doktrin") erlitt das Schicksal aller Bemühungen um Österreichs Landesverteidigung – es fiel dem politischen Unwillen und dem Budget zum Opfer. Zum Glück zeigte der „Kalte Krieg" damals schon erste Erosionserscheinungen.

„Huhn und Ei"

Nun legen wir ihnen zuerst das Ei und dann kommt das Huhn", in Abwandlung der Metapher, wer zuerst da war, beschrieb der spätere Generaltruppeninspektor General Othmar Tauschitz den Auftrag von Verteidigungsminister Karl Lütgendorf, die Planungen für das Projekt „Goldhaube" zu beginnen. Denn jahrelang wurden Entscheidungen mit dem Argument „kein geeignetes Überwachungs- und Führungssystem, daher keine Abfangjäger" und vice versa hin- und hergeschoben. Anfang der 1970er-Jahre stand die Chance auf eine Realisierung eines elektronischen Luftraumüberwachungssystems günstig. In Anbetracht der unvollständigen zivilen und militärischen Überwachungs- und Führungssysteme billigte der Ministerrat im Dezember 1974 den Ausbau eines „integrierten zivil-militärischen Systems für Flugverkehrskontrolle und Luftraumüberwachung", das den gemeinsamen Bau der Südstationen (Koralpe/Speikkogel), die Ergänzung der zivilen Anlage Buschberg mit einer militärischen Station (Steinmandl), die Nutzung der MBR Feichtberg für militärische Zwecke, die Erneuerung der Geräte am Kolomannsberg, die Beschaffung von zwei mobilen Anlagen, den Bau einer gemeinsamen Zentrale (Wien/Schnirchgasse) und eine verbunkerte militärische Zentrale (St. Johann) umfassen sollte. Die geplanten Tieffliegererfassungsradargeräte konnten vorerst nicht beschafft werden. Die Entscheidung für die neueste Technologie führte zu anfänglichen Schwierigkeiten bei der Herstellung der

S-35 OE in Ängelholm während des 3. Umschulungskurses (3. TIS) für Staffelpiloten, Juni 1989. Im Hintergrund das Gebäude der eigens für die Ausbildung der Österreicher aufgestellten 4. Staffel, „Österrike"- oder Jodler-Division genannt.

Oberleutnant Six, Angehöriger der 3. TIS, nach einem Übungsflug am S-35 OE, im Juni 1989 in Ängelholm. Die Umschulung der Staffelpiloten erfolgte in zwei Teilen am zweisitzigen Sk-35C und am S-35 OE. Die beiden letzten Gruppen (5 + 6) absolvierten den Ausbildungsabschnitt am S-35 OE bereits in Österreich.

Betriebsreife, aber ungeachtet dessen verfügte Österreich mit der endgültigen Inbetriebnahme des Systems „Goldhaube" in den Jahren 1986/87 über das modernste elektronische Luftraumüberwachungssystem in Europa.

Das „Ei" war gelegt, fehlte noch das „Huhn". Ab 1973 gab es immer wieder Versuche, das Problem Abfangjäger zu lösen. Im Jahre 1974 erstellte man erstmals ein Pflichtenheft für das künftige Jagdflugzeug. Das Pflichtenheft basierte primär auf einer Studie, die der spätere Leiter der Luftabteilung Brigadier Josef Bernecker 1972 verfasst hatte. Berneckers Arbeit behandelte den Einsatz von Jagdflugzeugen im Frieden sowie im Krisen-, Neutralitäts- und Verteidigungsfall und ermittelte die optimale Zahl für die Luftverteidigung Österreichs mit ca. 100 bis 120 Maschinen modernster Bauart, wobei er als realistisches Ziel für eine erste rund zehnjährige Aufbauphase ca. 30 Maschinen der dritten Generation ansah. Ab 1975 boten Northrop (F-5E), Dassault (Mirage F1), Saab (Viggen) und Israel Aircraft Industries (Kfir C2) ihre Maschinen an, in weiterer Folge 1980 General Dynamics (F-16A/F-16/79) und abermals Dassault (Mirage 50). Es fiel keine Entscheidung. Die absehbare Fertigstellung der „Goldhaube" hatte die Diskussion um die Abfangjäger dann positiv beeinflusst, dazu kam der erst 1983 veröffentlichte Landesverteidigungsplan, in dem klar die Wahrung der Lufthoheit und die Aufrechterhaltung der Neutralität in der Luft festgeschrieben stand. 1982 gab es erstmals Überlegungen, gebrauchte Flugzeuge der zweiten Generation zu beschaffen. Im März 1984 schlug die Luftabteilung vor, der Kauf von „Luftraumüberwachungsflugzeugen" der zweiten Generation müsste mit der in den 90er-Jahren notwendigen Beschaffung eines Nachfolgemodells der vierten Generation gekoppelt sein. Nur so wäre die zweite Generation als Übergangslösung für rund zehn Jahre vertretbar. Zwar gab es keine verbindliche politische Zusage für eine Realisierung des Konzepts in beiden Teilen, aber der erste Schritt war getan. Im Oktober 1984 wurde die Beschaffung von 24 „Luftraumüberwachungsflugzeugen" ausgeschrieben. Kurios war die Bezeichnung „Luftraumüberwachungsflugzeug" zur politischen „Verharmlosung" des Abfangjägers in der Öffentlichkeit. Vielleicht ahnte man schon die Turbulenzen, die mit diesem Rüstungsprojekt dann einhergingen. Im Bewertungsverfahren der Angebote Mirage III/50, Lightning, F-5E und J-35D gab das Militär der „Lightning" den Vorzug. Politisch war die Präferenz für den Draken postuliert, die von der Regierung bevorzugte „schwedische" Lösung und die höheren

Der Flugbetrieb mit den Draken blieb vorerst primär auf Graz-Thalerhof beschränkt, erst zu Beginn der 1990er-Jahre wurde Zeltweg, nach entsprechenden Baumaßnahmen, zur „Fighter Town" und wichtigsten Basis der Luftstreitkräfte. 1991.

Betriebskosten der Lightning gaben den Ausschlag für den Draken. Am 21. Mai 1985 unterschrieb Bundesminister Friedhelm Frischenschlager den Kaufvertrag für 24 Saab 35 OE „Draken", eine für österreichische Verhältnisse adaptierte Version des J-35D. Parallel zur Modifizierung der Draken begann im Oktober 1985 auch die Ausbildung der Piloten in Schweden. Als im November 1986 Hauptmann Johann Wolf bei einem Übungsflug tödlich verunglückte, wurde der Ausbildungsbetrieb gestoppt, das Projekt stand auf des Messers Schneide. Auf den künftigen Draken-Piloten lastete nach der Wiederaufnahme der Ausbildung aber gewaltiger psychischer Druck, denn jeder weitere Unfall hätte unweigerlich das Ende des Draken bedeutet. Die Diskussion in Politik und Medien, die sich bereits 1984 mit der Feststellung des Landes Steiermark, die Stationierung der 24 Maschinen nicht alleine tragen zu wollen, entzündet hatte, machte die Beschaffung von 24 Flugzeugen zum Spielball innenpolitischer Interessen, ohne Rücksicht auf die Wirkung im Bundesheer und die Imageschädigung im Ausland. Der erste „OE-Draken" wurde im Juni 1987 an die Luftstreitkräfte übergeben und wie die nachfolgenden Maschinen vorerst in Ängelholm (Südschweden) beim Geschwader F 10 zur Ausbildung der österreichischen Piloten genützt. Die Überstellung aller 24 Maschinen nach Österreich erfolgte bis zum Sommer 1989.

War in Schweden der Übungsbetrieb routinemäßig und mit der vorbildlichen Unterstützung durch die schwedische Luftwaffe problemlos durchführbar gewesen, so hatten sich in der „Heimat" die Wogen noch immer nicht geglättet. Die Republik Österreich und das Land Steiermark einigten sich letztendlich auf eine Reihe von Maßnahmen zum Schutz der Bevölkerung (An- und Abflugverfahren, Mittagspause im Flugbetrieb, Lärmschutzfenster, Grundeinlösungen usw.). Auch Bundesheer-intern gab es heftige Meinungsverschiedenheiten über den Draken. Die Kritik an den Betriebsvoraussetzungen war berechtigt, es gab keine entsprechende Infrastruktur, die organisatorischen und strukturellen Voraussetzungen zur Materialerhaltung waren nicht vorhanden und die personelle Situation seit Jahren schlecht. Doch weder die politische noch die militärische Führung wäre nach dem „traditionellen" österreichischen Verhaltensmuster willens gewesen, an diesem Zustand etwas zu ändern, bevor nicht der Kaufvertrag für das Luftraumüberwachungsflugzeug existierte.

Flightline in Zeltweg im Februar 1991.

Die Implementierung des Systems Draken erwies sich Ende der 1980er-Jahre als nicht einfach. Das technische Personal musste neben dem Draken auch den Betrieb mit der Saab 105 sicherstellen und die in Schweden für die Ausbildung stehenden S-35 OE betreuen. Bei der Infrastruktur machte vor allem Zeltweg Probleme, die Verlängerung der Start- und Landebahn und der notwendige Neubau einer den Anforderungen entsprechenden Fliegerwerft standen noch bevor.

In der Öffentlichkeit erregte das Ausscheiden von mehreren Draken-Piloten besonderes Aufsehen. Der Wunsch nach finanzieller Besserstellung, das zu diesem Zeitpunkt tief gesunkene Sozialprestige, der psychische Druck und die Zweifel, ob sich die Verhältnisse ändern würden, haben die Entscheidung dieser Piloten maßgeblich beeinflusst. Anfang der 1990er-Jahre begann sich die Situation doch langsam zu beruhigen.

Auf der operationellen Ebene konnte das Überwachungsgeschwader ab April 1990 bereits zeitweise die Einsatzbereitschaft mit einer Rotte S-35 OE übernehmen, und für die Ausbildung stand ein schwedischer Instruktor zur Verfügung. Vorausblickend hatte man schon im Einführungserlass die Luftraumüberwachung etwas „weiter" interpretiert und so den Spielraum für eine entsprechende taktische Ausbildung inklusive Luftkampf geschaffen. Damit konnte man in Zukunft ein gegenüber dem reinen „Air Policing" erweitertes Einsatzspektrum erfüllen, vorausgesetzt, dass es zu einem Modifikationspaket mit Lenkwaffen kommen würde. Die Einführung von Lenkwaffen war aber unter den gegebenen politischen Veränderungen in Europa ohnehin nicht mehr aufzuhalten. Im Juni 1989 empfahl der Landesverteidigungsrat die Beschaffung von Panzerabwehr-Lenkwaffen, und im November 1990 erklärte die Bundesregierung den Artikel 13 des Staatsvertrags für „obsolet"; die Beschaffung von leichten FlA-Lenkwaffen und Luft-Luft-Lenkwaffen konnte nur mehr eine Frage der Zeit sein.

Mit der Auflösung des Warschauer Vertrags im März 1991 war der Kalte Krieg auch formell beendet, Österreichs politisch-strategische Lage hatte sich mit dem Wegbrechen des östlichen Militärblocks entschieden verändert. Eine erneute Umstrukturierung des Bundesheeres musste zwangsläufig kommen und damit auch die Möglichkeit und Notwendigkeit, die Luftstreitkräfte auf dem Weg ins 21. Jahrhundert neu zu positionieren.

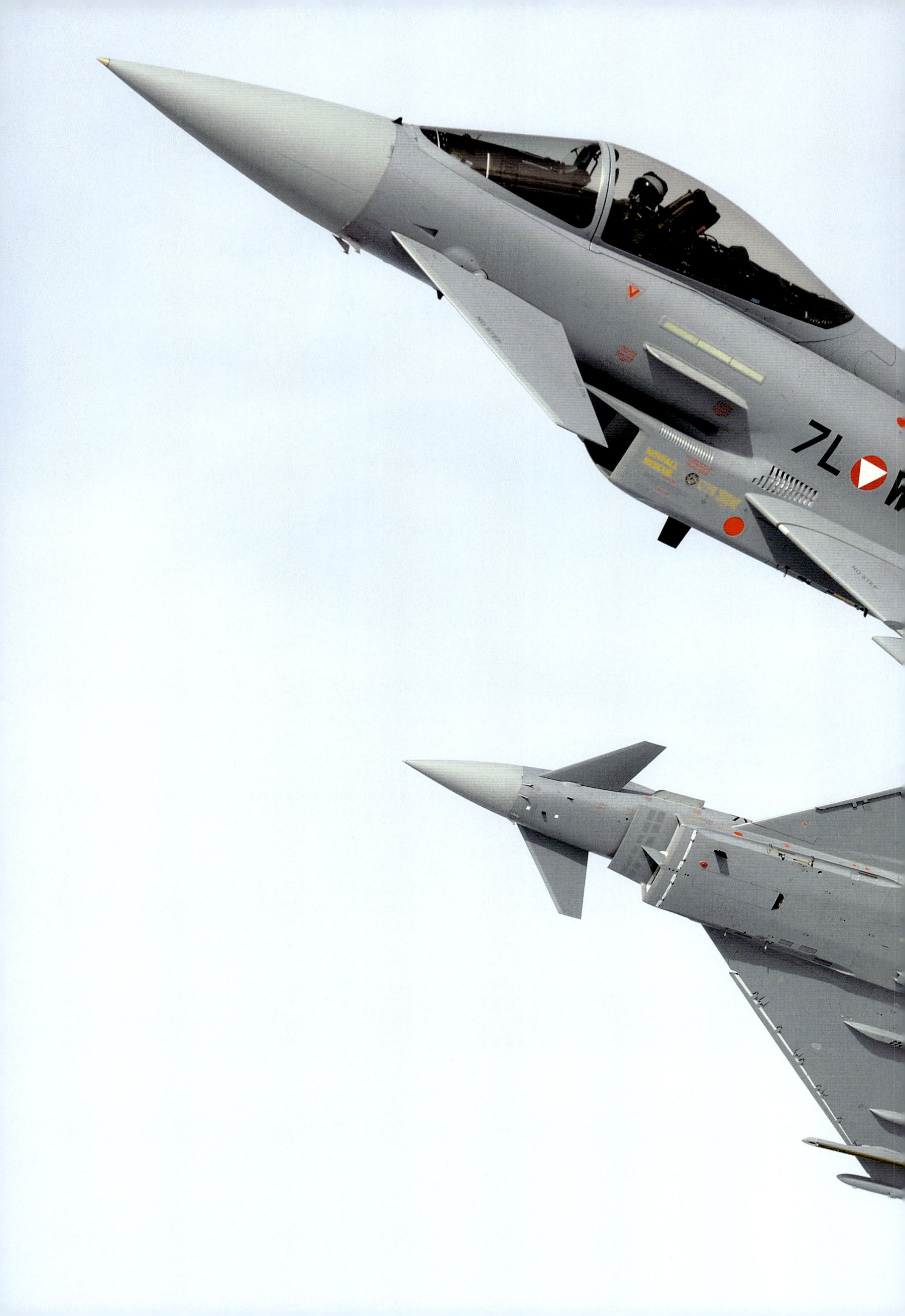
7L

Silvan Fügenschuh

Die Luftstreitkräfte der Zweiten Republik Teil II (seit 1991)

Der Zerfall Jugoslawiens

Nach dem Ende des „Kalten Kriegs" waren die Luftstreitkräfte erstmals seit 1955 in der Situation, dass Fähigkeiten und Bedrohungsbild nicht mehr eklatant auseinanderklafften. Bedingt durch den Tod Titos kam es zu Sezessionsbewegungen in Jugoslawien, die schließlich zur Unabhängigkeitserklärung Sloweniens führten. Daraufhin kam es zu einem bewaffneten Konflikt, der vom 28. Juni bis zum 2. August 1991 einen Sicherungseinsatz des Bundesheeres notwendig machte. Auch die Luftstreitkräfte waren an diesem beteiligt. Schon am 28. Juni verlegten die ersten sechs Saab 105 OE des Jagdbomber-Geschwaders von Hörsching nach Zeltweg, die Einsatzbereitschaft mit Saab 35 OE „Draken" wurde vom Fliegerhorst Nittner in Graz-Thalerhof aus wahrgenommen. Zwei Rotten am Tag und eine Rotte in der Nacht waren – ausschließlich mit Bordkanonen bewaffnet – stets einsatzbereit. Erschwert wurde die Situation durch die Knappheit an Draken-Piloten, es standen damals nur neun Piloten zur Verfügung. Am 28. Juni kam es zu einer schwerwiegenden Verletzung des österreichischen Luftraums, als eine MiG 21 der jugoslawischen Luftwaffe im Rahmen eines Aufklärungsflugs im Tiefflug bis Graz gelangte. Der damalige Geschwaderkommandant Oberst Sparrer, der sich gerade mit einer Saab 105 im Landeanflug befand, wurde auf die MiG aufmerksam und nahm die Verfolgung auf. Der jugoslawische Pilot zündete den Nachbrenner und verschwand mit seinem Flugzeug in den Wolken. Dies war sicherlich die gravierendste Luftraumverletzung. Darüber hinaus kam es vereinzelt zu

Die Leutnante Fuchs, Nagele (†), Drechsler und Dietl vor einer mit zwölf Stück 7,5-cm-Sprengraketen bewaffneten Saab 105 OE während des Jugoslawien-Sicherungseinsatzes 1991 in Zeltweg.

Eine Agusta Bell AB-212 übt im Rahmen des Hochgebirgslandekurses in den Hohen Tauern.

Die letzten drei Agusta Bell AB-204B kurz vor ihrer Außerdienststellung im Jahr 2001 beim Formationsflug über dem oberösterreichischen Alpenvorland.

Die Pilatus PC-6 „Turbo Porter" kann aufgrund ihrer extremen Kurzstart- und Landefähigkeit auch von Behelfspisten aus eingesetzt werden, hier bei der Landung auf einer Wiese im Waldviertel.

kurzfristigen Grenzverletzungen bei Einsätzen der jugoslawischen Luftwaffe gegen Stellungen der slowenischen Territorialverteidigung. Des Weiteren kamen 16 Agusta Bell AB-212 und sechs Agusta Bell AB-204 zum Einsatz, die auf den Plätzen Klagenfurt-Annabichl und Zeltweg sowie in der Gablenz-Kaserne disloziert waren. Die Saab 105 wurden für Luftaufklärung und Grenzüberwachung eingesetzt, bei Bedarf konnten sie auch für Luftnahunterstützung herangezogen werden. Alouette III und Agusta Bell AB-206 sowie Pilatus PC-6 und PC-7 wurden im Rahmen ihres jeweiligen Einsatzspektrums verwendet. Zum Schutz der Plätze Zeltweg, Graz und Klagenfurt war die Fliegerabwehr im Einsatz, im Bereich der Radarüberwachung wurde das Luftlagebild zusätzlich zu den ortsfesten Radarstationen durch die zwei mobilen Systeme MRS 1 und 2 verdichtet. Der wichtigste Einsatz der Hubschrauber fand am 2. Juli statt: Es kam es zu einem Lufttransport mit sechs AB-212 nach Radkersburg, da die Situation dort zu eskalieren drohte. Mit ausgeschalteten Positionslichtern flogen die Hubschrauber entlang der Mur zur Grenze, um dort im Feuerschein der jenseits des Flusses explodierenden Granaten einen Panzerabwehr-Lenkwaffen-Zug des Jägerbataillons 21 abzusetzen. Mitte Juli begann sich die Gesamtsituation zusehends zu entspannen, und am 2. August endete der Sicherungseinsatz offiziell. Die eingesetzten Elemente der Luftstreitkräfte hatten sich ausgezeichnet bewährt, insgesamt wurden ca. 1000 Flugstunden erbracht – davon entfielen 150 auf die Überwachung des Luftraums. Trotz der angespannten personellen Situation war es gelungen, aufgrund der demonstrativen Luftraumüberwachung sowie zahlreicher Alarmstarts die Zahl der Luftraumverletzungen auf ein absolutes Minimum zu beschränken. Schmerzlich machte sich allerdings das Fehlen von Lenkwaffen für den Draken sowie von Tieffliegerradar und Fliegerabwehr-Lenkwaffen bemerkbar. Diese offen zutage getretenen Defizite wurden schließlich schrittweise – nicht zuletzt aufgrund des Sicherungseinsatzes – beseitigt. So kam es 1993/1994 zur Beschaffung von Sidewinder-AIM-9P3-Luft-Luft-Lenkwaffen, die 1998 durch die noch leistungsfähigere Variante AIM-9P5 ergänzt wurden. Mit dem Zulauf von Thomson-CSF-RAC-3D-„Flamingo"-Tieffliegererfassungsradars (TER) ab 1995 war es dann auch möglich, Räume etwa in Alpentälern zu überwachen, die vorher nicht erfasst werden konnten. Die Fliegerabwehr erhielt leichte Fliegerabwehr-Lenkwaffen Matra Mistral und Thomson-CSF-Zielweisungsradars.

Eine Rotte Bell OH-58 über dem Weinviertel. Die „Kiowa" werden auch von der Luftaufklärungsstaffel genutzt, die hintere Maschine ist mit einer Spezialtür für Schrägbildaufklärung ausgerüstet.

Im Zuge der Modifizierung zur Version S 35 OE Mk.2 erhielten die Draken in den 1990er-Jahren auch Chaff/Flare-Werfer. Flares sind Magnesiumfackeln zur Ablenkung von hitzesuchenden Lenkwaffen.

Going international

Aufgrund der spezifisch österreichischen Situation als neutrales Land zwischen NATO und Warschauer Pakt gab es über einen langen Zeitraum hinweg kaum internationale Kooperationen, abgesehen von vereinzelten Kursbesuchen und Ausbildungen in Schweden und in den USA (Flugsicherungs- und Radarleitoffiziere). Dies änderte sich nunmehr zusehends. Schon die Beschaffung und Einführung des Draken erforderte die intensive Auseinandersetzung mit den entsprechenden Abläufen in anderen Ländern. Die Kooperation mit der schwedischen Luftwaffe war diesbezüglich sicher ein Quantensprung. Auch die Zusammenarbeit mit der schweizerischen Luftwaffe intensivierte sich. Erstmals im Mai 1994 besuchte eine Schweizer Delegation mit vier Northrop F-5E/F Zeltweg, um dort ein einwöchiges Luftkampftraining mit den österreichischen Draken als „Sparringpartner" zu absolvieren. Vom 4. bis zum 30. Mai 1995 verlegten erstmals zehn Draken nach Waddington nahe der englischen Nordseeküste, um auf der dortigen ACMI-Range (air combat manoeuvering instrumentation) von British Aerospace ein umfangreiches Luftkampftraining unter realistischen Bedingungen durchzuführen. Im August desselben Jahres fand abermals ein Training mit der Schweizer Luftwaffe in Zeltweg statt. 1995 erfolgte schließlich der Beitritt Österreichs zur Europäischen Union sowie zur NATO-Partnerschaft für den Frieden (PfP), die Ära der „splendid isolation" im Herzen Europas war somit auch offiziell zu Ende gegangen. Von 1994 bis 1997 wurden alle Draken auf Basis der inzwischen gemachten Erfahrungen kampfwertgesteigert. Neben Verbesserungen im Bereich der Lenkwaffen- und COM-Anlage wurden Radarwarnempfänger Marconi Sky Guardian 200 und Chaff/Flare-Werfer eingebaut. 1996 stand eine Verlegung nach Vidsel/Nordschweden zum Luftzielschießen auf dem

Von 2000 bis 2002 wurde eine Casa CN-235 vom Hersteller geleast, um den durch vermehrte Auslandsaktivitäten entstandenen Transportbedarf zu decken. Sie wurde von der 4. Staffel/Fliegerregiment 1 betrieben.

Die ab 1980 beschafften Agusta Bell AB-212 werden gegenwärtig einem „Mid-Life-Update" unterzogen, um sie mit neuer Avionik, digitalem Cockpit und Selbstschutzausrüstung auch weiterhin im In- und Ausland einsetzen zu können.

Drei Alouette III werden seit 2009 im Rahmen des EUFOR-Kontingents in Bosnien eingesetzt, hier vor ihrer Verlegung mit dem heimatlichen Grimming als Kulisse.

Anfang 2010 wurden zwei Bell OH-58 B „Kiowa" zur NATO-Winterübung „Cold Response" in Norwegen entsandt, auch Teile der Luftaufklärungsstaffel und des Jagdkommandos sowie eine „Hercules" nahmen daran teil.

Programm, in dessen Rahmen erstmals eine Luft-Luft-Lenkwaffe von einem österreichischen Piloten verschossen wurde. Im April/Mai 1997 fand abermals eine Verlegung nach Waddington statt. Im selben Jahr wurde auch erstmals die Luftraumsicherungs- bzw. -verteidigungsübung „Amadeus" durchgeführt. Dabei wurden die NATO-Planungs- und -Führungsverfahren im Rahmen einer bilateralen Übung (mit der französischen Luftwaffe) geübt. So näherten sich die gesamten Luftstreitkräfte im taktisch-operativen Bereich langsam internationalen Standards an. Die Amadeus-Übungen fanden in weiterer Folge nochmals 1999 und 2002 (unter Beteiligung Frankreichs, Italiens und der Schweiz) statt. Diese Übungen bildeten auch die Basis für die seitdem routinemäßig stattfindenden Luftraumsicherungs-Operationen mit benachbarten Staaten, wie etwa jährlich anlässlich des „World Economic Forum" oder zur Fußball-Europameisterschaft 2008. Die letztmalige Verlegung zur ACMI-Range nach Waddington fand dann 2002 statt, wo auch erstmals DACT-Missionen (dissimilar air combat training) mit British Aerospace „Harrier" der Royal Air Force durchgeführt werden konnten. Seit 2003 gab es allerdings keine Beteiligung an internationalen Übungen mehr, der erreichte Grad an Interoperabilität drohte wieder verloren zu gehen. Auch im Bereich der leichten Fliegerkräfte konnten Fortschritte erzielt werden. Ab 1998 wurden die Staatsgrenzen (EU-Außengrenzen) zu Tschechien, der Slowakei, Ungarn und Slowenien bei Tag und Nacht überwacht. Von den Stützpunkten Allentsteig und Punitz aus flogen die Bell OH-58 und Alouette III mit FLIR (forward looking infra red) und später auch NVG (night vision goggles) Einsätze zur Grenzüberwachung. Damit konnten auch im Bereich der Nachtsichtfähigkeit wertvolle Erfahrungen gesammelt werden. Dieser Einsatz wurde als Assistenzleistung für das BMI – länger als ursprünglich geplant – bis 2007 durchgeführt. Im Jahre 1999 sahen sich die Luftstreitkräfte einer Herausforderung gegenüber, die aufgrund der beschränkten Lufttransportmittel im Hubschrauberbereich nur mit Unterstützung befreundeter Streitkräfte gemeistert werden konnte. Eine Lawine hatte in Galtür im Tiroler Paznauntal weite Teile des Orts zerstört, die Versorgung war nur auf dem Luftweg möglich. Unter widrigsten Wetterbedingungen und unter ständiger Lawinengefahr wurde der Ort versorgt und 18.400 Touristen und Einheimische ausgeflogen. 60 Hubschrauber aus Österreich, der Schweiz, Deutschland, Frankreich sowie von der US Army Europe waren an dieser größten Luftbrücke der

Eine für die Grenzraumüberwachung mit FLIR und „Nitesun" ausgerüstete Alouette III startet vom Wiener Heldenplatz, wo sie anlässlich des Nationalfeiertags ausgestellt war. Im Hintergrund der Leopoldinische Trakt der Hofburg, der Amtssitz des Oberbefehlshabers.

Das Fliegen im Hochgebirge gehört zu den Kernkompetenzen der österreichischen Hubschrauberpiloten, das Absolvieren des Hochgebirgslandekurses (Winter und Sommer) ist obligatorisch.

Dreimal – zuletzt 2002 – verlegte das Überwachungsgeschwader nach Waddington, um dort unter realistischen Bedingungen den Luftkampf zu üben.

Republik beteiligt. Als Konsequenz aus diesem Ereignis wurde die lange geplante Beschaffung von Mehrzweckhubschraubern wieder aktuell, stattdessen wurden 2002 dann aber neun Transporthubschrauber Sikorsky S-70 „Black Hawk" beschafft. Trotz der für einen regulären Staffelbetrieb zu geringen Anzahl (Standard wären zumindest zwölf Stück) erwiesen sie sich in weiterer Folge als wertvolle Ergänzung der Hubschrauberflotte. Im April 1999 fand dann auch der erste Auslandseinsatz österreichischer Hubschrauber statt, als drei AB-212 ein Transportelement des österreichischen Kontingents zur Flüchtlingsbetreuung in Albanien (ATHUM/ALBA) bildeten. In das Jahr 2003 fällt die erstmalige Abstellung von zwei AB-212 zur KFOR (Kosovo Force) nach Toplicane, wo sie gemeinsam mit deutschen und Schweizer Hubschraubern das unter deutscher Führung stehende Transporthubschrauberelement „Merkur" bildeten. Die AB-212 wurden von 2008 bis 2009 durch je zwei Alouette III und S-70 „Black Hawk" ersetzt, die dort als Teil des multinationalen Heeresfliegerbataillons „Mercury" mit acht deutschen UH-1D und zwei Schweizer Super Puma sowie temporär auch türkischen Bell UH-1D und deutschen Sikorsky CH-53 zum Einsatz kamen. Dieser Auslandseinsatz endete im Jänner 2011. Seit 2009 sind im Rahmen von EUFOR/ALTHEA drei Alouette III und zwei „Black Hawk" im Camp Butmir in Sarajewo zur Untersützung dieser wichtigen Mission der Europäischen Union stationiert. Einen weiteren Qualitätssprung machten die Luftstreitkräfte mit der Einführung von drei Lockheed C-130K, die von der Royal Air Force gekauft, bei Marshalls in Cambridge generalüberholt und mit einem neuen, teils digitalen Cockpit ausgestattet wurden. Diese bewährten Transportflugzeuge erweitern seit 2003 die Lufttransportkapazität des Bundesheeres um eine inzwischen unverzichtbare Fähigkeit. Sie werden seitdem national und vor allem international für die verschiedensten Transportaufgaben eingesetzt und ermöglichen es im Besonderen, die Anschlussversorgung österreichischer Auslandskontingente sicherzustellen. Der weitreichendste Langstreckeneinsatz fand im Jänner 2005 statt, als Hilfsgüter in das von der Tsunami-Katastrophe schwer verwüstete Sri Lanka geflogen wurden. Zur Versorgung des österreichischen EUFOR- bzw. MINURCAT-Kontingents im Tschad wurde von Jänner 2008 bis Dezember 2009 eine Luftbrücke eingerichtet. 2010 wurde ein modernes und leistungsfähiges MEDEVAC-Modul (medical evacuation), das im Frachtraum Platz findet, in Betrieb genommen. Auch im Rahmen der Evakuierungsflüge aus Ägypten und Libyen zu Jahresbeginn 2011 kamen die „Herkys" wieder zum Einsatz.

Das Hubschrauberformationsteam „Kleeblatt" bestand von 1975 bis 1986 und von 1997 bis 2001. Es konnte mit seinen präzisen Vorführungen stets eine große Zahl von Zuschauern bei Flugtagen im In- und Ausland begeistern.

Die Versorgung des österreichischen Kontingents im Tschad war der bisher intensivste Auslandseinsatz (Flugzeit je Richtung ca. 8 Stunden) der Lufttransportstaffel. Wöchentlich pendelte eine C-130 zwischen Hörsching und Abéché bzw. N'Djamena, meist mit einer Zwischenlandung in Tripolis.

Österreich kauft Abfangjäger

Bereits bei der Indienststellung des Saab 35 OE „Draken" als „Übergangslösung" bis zur Einführung eines neuen Flugzeugs (Generation 3½ oder 4) war klar, dass dessen Lebensdauer begrenzt sein würde. Die von der Luftabteilung mit etwa zehn Jahren festgelegte Dienstzeit wäre somit bereits 1998 zu Ende gewesen, ohne dass es auch nur ansatzweise eine politische Entscheidung für eine Nachfolge gegeben hätte. In den Jahren 1996/97 wurde eine Grundlagenerhebung in Bezug auf die in Frage kommenden Typen durchgeführt und auch ein Pflichtenheft mit einem detaillierten Leistungsprofil erstellt. Auf Basis des operativ-taktischen Konzepts wurde die Anzahl der benötigten Flugzeuge für die Luftraumüberwachung mit 24, für die Luftraumsicherung mit 30 und für die Luftraumverteidigung mit 75 Stück festgelegt. Eine erste Evaluierung von F-16 „Fighting Falcon" sowie F-18 „Hornet" fand in den USA und von IAI „Kfir" in Israel statt. Die Erprobung der MiG-29 in Russland konnte nicht erfolgreich abgeschlossen werden. Eine politische Entscheidung ließ jedoch weiter auf sich warten und wurde auf „spätestens" 1998 verschoben. Erst eine neue Bundesregierung, die sich im Jahr 2000 konstituierte, hielt in Punkt 5 ihres Regierungsprogramms fest: „Kostengünstige Nachbeschaffung der Luftraumüberwachungsflugzeuge". Unter den besten Voraussetzungen und mit einer reduzierten Flugstundenproduktion ging man nunmehr von einer maximalen Lebensdauer des Draken bis zum Jahr 2005 aus. Im Sommer 2000 bildete das BMLV schließlich eine Kommission zur Erarbeitung eines Anforderungskatalogs.

Anlässlich der Außerdienststellung wurde ein Draken mit einem Anstrich als „Dragon Knight" versehen, der Ostarrichi-Draken in Rot-Weiß-Rot entstand schon 1998.

Für kurze Zeit wurden beim Überwachungsgeschwader Draken (1. Staffel in Zeltweg) und F-5 (2. Staffel in Graz) parallel betrieben.

Eine Rotte F-5 im engen Formationsflug über der Steiermark.

Eurofighter überfliegen die Wiener Innenstadt.

Im Dezember 2000 ging ein „request for information" für „Super Hornet", „Fighting Falcon", „Mirage 2000" und „Gripen" an die jeweiligen Anbieter. EADS gab sich überrascht und forderte ebenfalls die entsprechenden Unterlagen an. Bis Ende März 2001 lagen die angeforderten Informationen für folgende Typen vor: „Super Hornet", Eurofighter „Typhoon", „Fighting Falcon" (Block 50/52) und „Gripen". Dassault stellte für die Mirage 2000 keine Informationen zur Verfügung. Im Juli 2001 empfahl der Landesverteidigungsrat aufgrund eines Berichts des Bundesministers für Landesverteidigung, ehestens verbindliche Angebote für die Nachfolge des LRÜ-Flugzeugs einzuholen, um eine Entscheidung spätestens in der ersten Jahreshälfte 2002 treffen zu können. All das erfolgte unter gewaltigem Zeitdruck, da die Außerdienststellung des Draken unweigerlich näher rückte. Im Spätsommer 2001 kam auch eine Einigung mit dem Finanzministerium bezüglich der Finanzierung zustande. Dabei war jedoch erstmals auch von einer Reduzierung des Mengengerüsts (18!) die Rede. Am 10. Oktober 2001 ging der „request for proposal" an folgende Anbieter: Boeing für F/A-18E/F „Super Hornet", Dassault für Mirage 2000-5, EADS für Eurofighter „Typhoon", Lockheed-Martin für F-16 C/D Block 50/52 „Fighting Falcon" und Gripen International für JAS-39C/D „Gripen". Im Dezember teilte die US-Regierung namens Boeing mit, dass man aufgrund des zu erwartenden Preises kein Angebot für „Super Hornet" legen werde. Auch Dassault übermittelte erneut eine Absage. Am 23. Jänner 2002 lagen die konkreten Angebote vor. Im Jänner 2002 richtete das BMLV eine aus fünf Untergruppen (Operation, Logistik, Flugbetrieb, Technik, Kommerzielles) bestehende Bewertungskommission ein. Aufgrund der vorliegenden Angebote wurden die Leistungsbestimmungen neuerlich – nunmehr unter Wegfall einer Zwischenlösung – überarbeitet und an die Anbieter übermittelt. Abgabetermin für die adaptierten Angebote war der 30. April 2002. Zwischenzeitlich wurde von Gegnern der „Abfangjäger" auch ein Volksbegehren gegen die Flugzeuge initiiert. Im Juni 2002 wurde die F-16 aufgrund Nichterbringung von Muss-Kriterien ausgeschieden. Am 25. Juni 2002 entschied sich die Bewertungskommission mit 4:1 Stimmen für den Typhoon als Bestbieter. Am 2. Juli wurde dann auch die politische Entscheidung zugunsten des Eurofighters Typhoon getroffen, die Verteidigungsminister Scheibner u.a. so be-

Eine Rotte Eurofighter über den winterlichen Alpen.

gründete: „Der Eurofighter ist das modernste Flugzeug, das über mehr als 30 Jahre im Bundesheer in Verwendung sein wird." Unter dem Eindruck einer Hochwasserkatastrophe wurde die Stückzahl der zu beschaffenden Flugzeuge im Sommer 2002 dann tatsächlich auf 18 reduziert. Im Sommer trat endlich der Kaufvertrag für die Flugzeuge in Kraft, da aber aufgrund der Verzögerungen eine Auslieferung bis 2005 nicht mehr möglich war, begannen nun angesichts des immer näher rückenden Dienstendes des Draken Sondierungen für eine sogenannte „Übergangslösung". Letztlich konnte man sich mit der Schweiz über das Leasing von zwölf Northrop F-5E „Tiger" einigen, die ab Juli 2004 sukzessive und ab Juli 2005 zur Gänze die Luftraumüberwachung in Österreich übernahmen. Somit kam es auch zu keiner Lücke in der Überwachung des Luftraums. Nach dieser raschen und reibungslosen Einführung beim Überwachungsgeschwader leisteten die F-5 dann auch bis Mitte 2008 wertvolle Dienste, ehe sie wieder an die Schweizer Luftwaffe zurückgestellt wurden. Im Dezember 2005 ging die Ära des Draken in Österreich schließlich unwiderruflich zu Ende. Die offizielle Außerdienststellung fand am 25. November im Rahmen eines Festakts in Zeltweg statt, der tatsächlich letzte Flug war am 22. Dezember. Nach 18 Jahren mit 23.599 unfallfrei geleisteten Flugstunden und über 500 Alarmstarts war dieses Kapitel der österreichischen Militärluftfahrt Geschichte. Es erwies sich allen anfänglichen Unkenrufen und Schwierigkeiten zum Trotz als eine echte Erfolgsgeschichte. Im April 2006 begann in Manching bei Ingolstadt die Endmontage des ersten österreichischen Eurofighters „Typhoon". Vor der Konstituierung der neuen Bundesregierung beschloss der Nationalrat die Einsetzung eines Untersuchungsausschusses zur „Beschaffung von Kampfflugzeugen". Dieser fand nach acht Monaten und 142 Befragungen sein Ende, förderte aber keinerlei Ausstiegsgrund zu Tage. Ein Strafverfahren gegen den vormaligen Kommandanten der Luftstreitkräfte, Generalmajor Erich Wolf, wurde erst 2011 nach vierjährigen Untersuchungen ohne Ergebnis eingestellt.

Der neue Verteidigungsminister Mag. Norbert Darabos begann unmittelbar nach seinem Amtsantritt im Jänner 2007 mit dem Versuch, zumindest einen Teil des Wahlversprechens seiner Partei, im Falle von Regierungsverantwortung die Eurofighter abbestellen zu wollen („Sozialfighter statt Eurofighter"), umzuset-

Ein Eurofighter rollt aus der „Boxenstraße" zum Start, im Hintergrund der neu errichtete Tower. Im Zuge der Einführung des Eurofighters wurde auch die Infrastruktur in Zeltweg modernisiert.

zen. Nachdem sich das ursprüngliche Vorhaben mangels eines Ausstiegsgrunds aus dem Vertrag nur mit einem immensen finanziellen Verlust zu Lasten der Republik hätte realisieren lassen, kam es schlussendlich zu einem Vergleich zwischen dem Hersteller und dem BMLV. Dabei wurden die ursprünglich für Österreich vertraglich vorgesehenen neuen 18 Stück (sechs Tranche 1 Block 5 – auf Herstellerkosten auf Block 8 abzugraden – und zwölf Tranche 2 Block 8) durch 15 teils gebrauchte Flugzeuge der Tranche 1 verschiedener Blocks (2, 2B und 5) ersetzt. Darüber hinaus wurden zwei für das Waffensystem Eurofighter wesentliche Systeme, das integrierte „defensive aids sub system" (DASS) sowie das Infrarotsensor-System Pirate, ersatzlos gestrichen. Der Systempreis eines einzelnen Flugzeugs hingegen erhöhte sich von 109 Mio. € auf 114 Mio. € (Rechnungshof Bund 2008/9). Damit trat für die Luftstreitkräfte die paradoxe Situation ein, dass sie zwar erstmals in ihrer Geschichte über ein Kampfflugzeug der neuesten Generation verfügen, dieses aber aufgrund des angeführten Vergleichs in seinem Leistungsspektrum wesentliche Einschränkungen aufweist. Dadurch beraubt sich Österreich auch der Möglichkeit, einen Beitrag zur Durchsetzung von Resolutionen des UN-Sicherheitsrats wie etwa Flugverbotszonen zu leisten. Am 21. März 2007 startete AS001 zu seinem Erstflug in Manching. Am 12. Juli 2007 wurde die 7L-WA in Zeltweg an die Luftstreitkräfte übergeben, der Zulauf der weiteren Flugzeuge erfolgte kontinuierlich. Die Einführung des Systems Eurofighter gestaltete sich bisher durchaus anspruchsvoll, einerseits aufgrund der Komplexität des Systems an sich, handelt es sich doch um einen Zwei-Generationen-Sprung, andererseits wegen des Vergleichs mit dem Hersteller, der eine vollständige Umplanung des Zulaufplans und anderer Rahmenbedingungen erforderte. Am 24. September 2009 wurde schließlich der letzte Eurofighter übernommen. Schon ab Juli 2008 wurde er für die Luftraumüberwachung eingesetzt. Primär aufgrund der vorhandenen Stückzahl ist es allerdings notwendig, dass die Saab 105 OE alternierend mit den Eurofightern für die Einsatzbereitschaft eingesetzt werden und so weiterhin eine unverzichtbare Aufgabe wahrnehmen.

Die letzte Einsatzbereitschaft mit Draken fand am 11. Oktober 2005 in Zeltweg statt.

Eine Rotte Eurofighter überfliegt die Radarstation Koralpe.

Rahmen und Organisation

Nach dem Fall des „Eisernen Vorhangs" und dem Ende des Warschauer Pakts hatten sich auch für das Bundesheer die Rahmenbedingungen derart geändert, dass das System der Raumverteidigung von einem flexiblen Konzept zur Sicherung und zum Schutz der Staatsgrenzen abgelöst wurde. Davon ausgehend ergaben sich für die Luftstreitkräfte neben der unverändert und permanent auch im Frieden wahrzunehmenden Luftraumüberwachung zwei weitere Einsatzverfahren. Ein Sicherungseinsatz erforderte die intensive Überwachung des Luftraums und Wahrung der Lufthoheit mit unverzüglicher Reaktionsfähigkeit gegen Luftraumverletzungen und den Schutz der eingesetzten Teile des Heeres sowie von Anlagen der zivilen und militärischen Infrastruktur. Die Luftraumverteidigung als eigenständiges operatives Verfahren wurde als wichtigste Aufgabe der Luftstreitkräfte definiert. Demgemäß setzte sie die Luftraumbeobachtung und Luftraumüberwachung voraus und wurde durch die Luftstreitkräfte als Raum- und Objektschutz mit allen Einsatzmitteln durchgeführt. Die operative Zielsetzung dabei war die Verhinderung einer feindlichen Luftüberlegenheit. Ihre Intensität wurde durch die verfügbaren Einsatzmittel im Verhältnis zum gegnerischen Mitteleinsatz bestimmt. Die effiziente Vollziehung dieser Maßnahmen wurde seitens der militärischen Führung auch als entscheidend für das internationale Ansehen Österreichs als stabilisierender und berechenbarer strategischer Faktor gesehen (Konzept für den Einsatz des Bundesheeres, Generaltruppeninspektor, September 1993). Das operativ zustän-

Die beiden Short SH-7 „Skyvan" waren von 1969 bis 2007 als leichte Transporter im Einsatz, hier kurz vor der Außerdienststellung über dem Neusiedler See.

Lockheed C-130K „Hercules" über den heimatlichen Alpen, ein eher seltener Anblick, da ein Großteil der Flugstunden außerhalb Österreichs erbracht wird.

Zwei Saab 105 OE nach dem Start von ihrem Heimathorst Linz-Hörsching, bewaffnet mit den 30-mm-Kanonenbehältern, der Standardbewaffnung für den Luftraumüberwachungsdienst.

Der „Black Hawk" hat sich seit seiner Einführung im Jahr 2003 bestens als mittlerer Transporthubschrauber bewährt, hier sechs Stück im Verbandsflug über der Steiermark.

dige Kommando für das Verfahren Luftraumverteidigung, -sicherung und -überwachung war das Kommando Fliegerdivision, diesbezüglich in jedem Fall unmittelbar dem Bundesministerium für Landesverteidigung unterstellt. Im Juli 1992 wurde die „Heeresgliederung-Neu" beschlossen, die bis Ende 1995 einzunehmen war. Für die Luftstreitkräfte bedeutete diese Reorganisation neben einer Personalreduktion um 20 % einen um ein Viertel verkleinerten Organisationsrahmen. Die Geschwader wurden aufgelöst und die Staffeln unmittelbar den Regimentern unterstellt. Eine Ausnahme waren nur das Überwachungsgeschwader und das Hubschraubergeschwader (Aigen/Ennstal). Die Einsatz- und Feldflugplatz-Organisation konnte wegen der künftighin vorgesehenen Abstützung auf die Friedensinfrastruktur zu einem Gutteil gestrichen werden. Die gesamte Fliegerabwehr des Bundesheeres wurde hingegen unter dem Dach der Fliegerdivision zusammengefasst. Das Kommando selbst wurde mit 1. März 1995 neu strukturiert, drei Stabsbereiche (Führungsstab, Versorgungsstab, Materialstab Luftfahrttechnik) wurden eingerichtet. Die nächste Reorganisation mit dem Ziel, eine den geänderten Rahmenbedingungen sowie den reduzierten Truppenstärken angepasste Führungsstruktur zu schaffen, fand 2002 statt. Für die Luftstreitkräfte war diese Reform insofern ein Erfolg, als sie doch mit der Wiedererrichtung des Kommandos Luftstreitkräfte den Charakter einer Teilstreitkraft erlangten. Nachteilig machte sich allerdings im Laufe der Zeit das Fehlen einer ministeriellen Luftabteilung bemerkbar, die mit der Aufstellung des Kommandos Luftstreitkräfte aufgelöst wurde. Die neue Führungsstruktur bewährte sich in Bezug auf die Luftstreitkräfte durchaus gut, entsprach ihre Existenz doch dem militärischen Grundsatz der Einheit der Führung. Auch in der Öffentlichkeit waren die Luftstreitkräfte in dieser Ära sehr präsent, was andererseits jedoch heeresintern, vor allem von Seiten der „Nichtflieger", zum Teil durchaus kritisch gesehen wurde. Dadurch kam aber auch wieder offenkundig zum Ausdruck, dass die Luftstreitkräfte im Bundesheer der Zweiten Republik, vor allem in Bezug auf die Führungsebene, immer einigermaßen unterrepräsentiert waren. 2003 wurde von der Bundesregierung eine Reformkommission eingerichtet, die eine neue Sicherheits- und Verteidigungsdoktrin und daraus abgeleitet einen Rahmen für das Bundesheer erarbeiten sollte. Das daraus resultierende Reformprojekt „Bundesheer 2010" sah

Ein „Black Hawk" landet beim Theseustempel im Wiener Volksgarten.

Eine mit 2,75-inch-Raketen und 12,7-mm-üsMG-Behälter bewaffnete PC-7 beim Schießen am Truppenübungsplatz Seetaler Alpe.

Die Pilatus PC-7 „Turbo Trainer" sind seit 1983 als Schulflugzeuge in Verwendung. Sie werden bewaffnet im Rahmen von Luftraumsicherungsoperationen für die Überwachung mittlerer Flughöhen verwendet.

u.a. eine Reduzierung der oberen Führungsebene auf ein operativ führendes Kommando vor. Für die Luftstreitkräfte bedeutete dies, dass das eigenständige Kommando nach nicht einmal vier Jahren wieder aufgelöst wurde. Die operative Führung der gesamten Streitkräfte ging auf das Streitkräfteführungskommando in Graz über, die luftspezifischen Belange werden seitdem vom Teilstab Luft in Salzburg wahrgenommen. Ihm obliegen im Sinne eines „joint forces air component command" Einsatzplanung und Führung der Luftstreitkräfte. Dazu zählen u.a. die Sicherstellung des Betriebs des „Diensthabenden Systems Luft", die permanente Luftraumüberwachung sowie Einsatzplanung und Vorbereitung der Mittel der Luftstreitkräfte im Gesamtrahmen der Streitkräfte. Zwischen 2006 und 2009 wurden Verbände und Einheiten sukzessive der Zielstruktur 2010 angepasst. Die Regimenter wurden aufgelöst, an ihre Stelle trat eine brigadeartige Struktur mit einem Kommando Luftraumüberwachung und einem Kommando Luftunterstützung. Das Fliegerregiment 1 in Langenlebarn wurde zum Luftunterstützungsgeschwader. Das Hubschraubergeschwader in Aigen und das Kommando Luftaufklärung wurden aufgelöst, an ihre Stelle traten jeweils Staffeln. Die Fliegerschule fusionierte mit der Fliegerabwehrtruppenschule und wurde direkt dem BMLV unterstellt. Nach diesen Änderungen des organisatorischen Rahmens befinden sich die Verbände und Einheiten derzeit in einer Phase der Konsolidierung. Welche weiteren Anpassungen in den nächsten Jahren noch vorgenommen werden müssen, ist aus derzeitiger Sicht noch nicht absehbar. Die Luftstreitkräfte der Zweiten Republik haben in ihrer nunmehr mehr als 55-jährigen Geschichte jedoch stets bewiesen, dass sie ihre Aufgaben im Umfang der ihnen von der politischen und militärischen Führung zugestandenen Möglichkeiten auch unter teils widrigen Rahmenbedingungen bestens auszuführen in der Lage sind.

Anlässlich des 40-jährigen Dienstjubiläums der Saab 105 OE wurde 2010 eine Maschine der Düsentrainerstaffel mit einem neuen „Tiger"-Anstrich versehen, hier gemeinsam mit der alten Tiger-Maschine. Die Staffel ist Ehren-Mitglied der „NATO Tiger Association" und nimmt inzwischen auch am jährlichen „Tiger-Meet" teil.

Formationsflug von zwei „Turbo Porter" über dem Tullnerfeld.

Die Luftfahrzeuge des Bundesheeres (1955–2011)

Flächenflugzeuge:

	Typ	von	bis	Anzahl	Verwendungszweck
1	Yakovlev Yak-18	1955	1960	4	Einweisung kriegsgedienter Piloten, erweiterte Grundschulung
2	Yakovlev Yak-11	1956	1965	4	Fortgeschrittenenschulung kriegsgedienter Piloten
3	Piper PA-18 Super Cub	1957	1965	10	Grundschulung
4	Zlin 126 Trener	1957	1965	4	Kunstflugausbildung
5	Fiat G-46-4B	1957	1963	5	erweiterte Grundschulung
6	Cessna 172	1957	1958	1	IFR-Ausbildung
7	Cessna 182	1957	1965	2	IFR-Ausbildung
8	Saab B 17A	1957	1963	1	Zielschlepp für FlA
9	DeHavilland DH-115 Vampire TMk.11/55	1957	1972	9	Fortgeschrittenen-Düsenschulung
10	Cessna L-19E	1958	1997	7	IFR-Ausbildung, Verbindung, Bildaufklärung
11	Piaggio P-149D	1958	1965	1	Verbindung
12	North American LT-6G Texan	1959	1968	10	erweiterte Grundschulung, taktische Grundschulung
13	Cessna L-19A	1959	1997	22	Verbindung, Bildaufklärung
14	Fouga CM 170 Magister	1959	1972	18	Düsengrundschulung
15	DeHavilland Canada L-20 Beaver	1960	1976	6	Transport, Bildaufklärung
16	Saab J-29F Tunnan	1961	1972	30	Luftraumüberwachung, Feuerunterstützung, taktische Aufklärung
17	Saab 91D Safir	1964	1993	24	Grund- und erweiterte Schulung (inkl. IFR), Screening
18	Short SH-7 Skyvan	1969	2007	2	Transport
19	Saab 105 OE	1970	dato	40	Düsengrund- und Fortgeschrittenenschulung, LRÜ, FeU, takt. Aufkl
20	Pilatus PC-6 Turbo Porter	1976	dato	14	Transport, Bildaufklärung, Feuerlösch- u. Zielschleppausrüstung
21	Pilatus PC-7 Turbo Trainer	1983	dato	16	Grund- und erweiterte Schulung (inkl. IFR), taktische Grundschulung
22	Saab 35 OE Draken	1987	2005	24	Luftraumüberwachung, Luftraumverteidigung
23	Casa CN-235-300	2000	2002	1	Transport
24	Lockheed C-130K Hercules	2003	dato	3	Transport
25	Eurofighter Typhoon	2007	dato	15	Luftraumüberwachung, Luftraumsicherung

Hubschrauber:

#	Typ	von	bis	Anzahl	Verwendungszweck
1	Bell 47G2	1956	1969	1	Grundschulung, Verbindung
2	Agusta Bell AB-47G2	1956	1969	9	Grundschulung, Verbindung
3	Sud Est SE-3130 Alouette II	1958	1975	16	Verbindung, Transport
4	Westland S-55 Srs.2 Whirlwind	1958	1964	10	Transport
5	Bell H-13H Sioux	1960	1976	17	Verbindung, erweiterte Grundschulung
6	Agusta Bell AB-204B	1963	2001	26	Transport
7	Sud Aviation SA-316B Alouette III	1967	dato	29	Verbindung, Transport, Grenzraumüberwachung, Grundschulung
8	Agusta Bell AB-206A Jet Ranger	1969	2009	13	Grundschulung, Verbindung
9	Sikorsky S-65 OE	1970	1981	2	Transport
10	Bell OH-58B Kiowa	1976	dato	12	Verbindung, Grenzraumüberwachung
11	Agusta Bell AB-212	1980	dato	26	Transport
12	Sikorsky S-70A Black Hawk	2003	dato	9	Transport

	Aufbauphase 1956–1960
	US-Hilfsprogramm 1958–1960
	Erneuerungsphase 1960–1970
	Raumverteidigung 1970–1990
	Europäisierung 1990–2010

Autorenverzeichnis

Silvan Fügenschuh
Geboren 1959 in Innsbruck, 1977 eingerückt zum Österreichischen Bundesheer, Zeitsoldat, Unteroffiziers- und Offiziersausbildung, 1987–1991 zugeteilter Offizier beim Adjutanten des Bundespräsidenten, seit 1991 Referent Personal und Budget in der Österreichischen Präsidentschaftskanzlei, Milizoffizier beim Luftunterstützungsgeschwader. Diverse Veröffentlichungen im Bereich der Militärluftfahrt und Wehrpolitik.

Mag. Karl Gruber
Geboren 1955 in Wien, 1974 eingerückt zum Österreichischen Bundesheer, 1975–1978 Theresianische Militärakademie und Ausbildung zum Hubschrauberpiloten, Einsatzpilot auf Bell OH58 „Kiowa", 1981–1982 Kommandant der 3. Staffel/Hubschraubergeschwader 1, 1982–1985 Generalstabslehrgang an der Landesverteidigungsakademie in Wien, 1985–1987 Referent Luftverteidigung Armeekommando/Generalstabsabteilung Luft, 1987–1988 Leiter der Luftraumüberwachungszentrale, 1988–1999 Chef des Stabes Kommando Luftraumüberwachung, 1999–2006 Kommandant Luftraumüberwachung, seit 2006 Leiter Teilstab Luft und Joint Force Air Component Commander im Streitkräfteführungskommando.

Wolfgang Hainzl
Geboren 1951, Beruf Landesbeamter. Seit 1974 nähere Beschäftigung mit den Luftstreitkräften der 2. Republik. Mehrere Publikationen und Beiträge in Fachmagazinen zu diesem Thema. Milizsoldat beim Kommando Luftunterstützung.

Ing. Mag. Thomas Ilming
Geboren 1961 in Wien, Ausbildung als Maschinenbauingenieur. Anschließend selbstständiger Restaurator für historisch-technische Objekte, Tätigkeit für verschiedene Museen und private Sammlungen wie etwa Technisches Museum Wien, Heeresgeschichtliches Museum Wien, Feuerwehrmuseum Laxenburg, Palais Ferstel, Hofburg Wien. 1986–1997 Tätigkeit im Bundesdenkmalamt (Abteilung für Restaurierung und Konservierung). Studium der Volkskunde. Mitarbeit bei der Gestaltung von verschiedenen Ausstellungen. Seit 1997 Restaurator für historische Militärtechnik im Heeresgeschichtlichen Museum Wien. Seit 2006 stv. Leiter der Museumsabteilung bzw. Abteilung für Sammlung und Ausstellung und Leiter des Referats Waffen und Technik.

MAG. CHRISTOPH NEUMAYER
Geboren 1966, Studium der Geschichte und Kommunikationswissenschaften an der Universität Wien, Abschluss mit Auszeichnung. Absolvent des Hochschullehrgangs „Post Graduate Management" der Wirtschaftsuniversität Wien und des 7. Strategischen Führungslehrgangs der LVAk im Auftrag der Bundesregierung und des Nationalen Sicherheitsrats. Lektor an der Universität Salzburg/Fachbereich Kommunikationswissenschaft und Universität Wien/Publizistik. Diverse (industrie- und militär-)historische sowie gesellschaftspolitische Veröffentlichungen. Seit April 2011 Generalsekretär der Industriellenvereinigung.

MAG. DR. M. CHRISTIAN ORTNER
Geboren 1969, Militärhistoriker und Direktor des Heeresgeschichtlichen Museums in Wien, Milizoffizier, Mitglied der Wissenschaftskommission beim Bundesministerium für Landesverteidigung und der Österreichischen Kommission für Militärgeschichte, Vorstandsmitglied von ICOMAM, des Österreichischen Museumsbundes, der Österreichischen Gesellschaft für Heereskunde etc. Zahlreiche Publikationen zur österreichischen Militärgeschichte, u.a. „Mit SMS Zenta in China", „Des Kaisers Rock", „Mit blankem Säbel", „Sturmtruppen" und „Die österreichisch-ungarische Artillerie von 1867 bis 1918". Gegenwärtiger Forschungsschwerpunkt: Die österreichisch-ungarische Armee von 1848 bis 1918.

MAG. DR. HUBERT PRIGL
Geboren 1964 in Wien, Absolvent der Bundesfachschule für Flugtechnik in Langenlebarn 1982, Wehrdienst vom 1. Oktober 1982 bis zum 31. Jänner 1987 als Angehöriger der Fliegerwerft 1 und der 1. Hubschrauberstaffel, bis Jänner 1996 Milizsoldat, letzter Dienstgrad Oberwachtmeister, 1986 Reifeprüfung in der Fachrichtung Maschinenbau/Betriebstechnik für Berufstätige am Technologischen Gewerbemuseum Wien, Studium der Geschichte an der Universität Wien, 1990 Sponsion, 1993 Promotion. Spezialgebiete: Luftfahrtgeschichte und Geschichte der amerikanischen Streitkräfte in Ostösterreich 1945 bis 1955. Seit 1. September 1988 beschäftigt beim Magistrat der Stadt Wien, derzeitige Position: stellvertretender Leiter der Dokumentation der Magistratsabteilung 9 – Wienbibliothek im Rathaus, Kurator zweier Ausstellungen im Wiener Rathaus 2005 und 2009 sowie Autor zahlreicher Artikel zu den Themen Luftfahrtgeschichte und Besatzungszeit 1945 bis 1955.

WOLFGANG SABLATNIG, BA
Geboren 1970 in Wien, Studium Politikwissenschaft/Geschichte an der Universität Wien, 2010 Abschluss mit Bachelor, 1990 Oberösterreichische Journalistenschule/Puchberg b. Wels, 1994–1999 Redakteur Austria Presse Agentur/Ressort Innenpolitik, 1999–2005 Stellvertretender Ressortleiter Innenpolitik/APA, 2005–2006 Ressortleiter Chronik/Wiener Zeitung, 2006–2008 Ressortleiter Innenpolitik/Tageszeitung Österreich. Seit März 2008 Büroleiter Wien/Tiroler Tageszeitung.

Kriege gehören ins Museum

HGM

1030 Wien · Arsenal · Straßenbahn D/O/18 · www.hgm.or.at

www.bundesheer.at

SCHUTZ & HILFE